調べる技術 書く技術

誰でも本物の教養が身につく
知的アウトプットの極意

佐藤 優

SB新書
472

はじめに

本書は、私自身が専業作家として活動する上で心がけている、必要な情報を「調べ」、それをもとに「書く」といった、一連の知的生産術を1冊にまとめたものだ。

私は、毎月平均2冊のペースで本を出し、抱えるコラムや連載などの締め切りの数はひと月あたり約90になる。ひと月に書く原稿の分量は、平均して1200ページ、字数にして約50万字にもなる。この膨大な創作活動は、膨大なインプットに支えられている。執筆のために、多い月では500冊以上の本に目を通す。

情報収集・分析も、私の専門領域だ。世の中で起きている出来事をタイムリーに知るために、全国紙・地方紙から業界紙まで含め、合計10紙ほどの新聞に目を通すのも欠かせない日課になっている。

ただし、単に大量のインプットをしているわけではない。

読書一つをとっても、いたずらに膨大な本を読み流すことはしない。

読みとった情報を1冊に集約させるノートを作ったり、学んだ内容を学生に教えたり、ラジオ番組で話すなどして、アウトプットも意識的に行い、「身につく」読み方をするよう、心がけている。

インプットと合わせてアウトプットを行うことで、読んだ情報は本物の教養になるのである。

改めて指摘するまでもなく、現代は情報過多な時代だ。

ネット社会とリアル社会が分かち難く結びついており、情報収集の手軽さはかつての比ではない。

そうしたなかで、スマートフォンやPCなどを使って日々、インプットしている。

それもかなりの量を――と考えている読者もいるかもしれない。

しかし、考えてみてほしい。

すき間時間にSNSを見る、スマホでニュースフィードに流れてくる情報を見るの」になっているだろうか。
――こうした手軽なインプットの「量」に比例して、集めた情報は本当に「自分のも

漫然と情報過多の海に飛び込み、たまたま目に触れた情報を単に得ているだけでは何も身につかない。

インプットとアウトプットの両輪がそろうことで、得た情報が自分の知識になり、教養になる。これが「教養力」という深みをもった人間へと成長する道筋だ。

「教養力」とは、想定外の出来事に直面した際、そのつど自分の頭で考え、適切に対処する力だ。こうしたとき、どのように判断し、行動するか。「想像力」「洞察力」「判断力」「分析力」、その人が丸ごと試される。この「教養力」は、インプットとアウトプットを合わせて行うことで磨かれるのだ。

今、日本社会は、高学歴・高収入を「もつ人」「もたざる人」の二極化により、社会構造の「フタコブラクダ化」が進んでいる。そうした状況下で生き残る「教養力」のある人になるためには、本書で述べる、自分の力で「調べ」、「書く」といった質の

いいインプット、アウトプットを行うためのスキルを身につけることが必須要件だ。玉石混淆（ぎょくせきこんこう）の情報から、適切なものを効率的に選びとり、深く理解する。

フェイクニュースに代表されるような「石」ではなく、自分にとって役に立つ「玉」のインプットを得る、身につける技法を習得してほしい。

「真理」は「具体的」なものだ。どれほど素晴らしい教えであっても、実際に役立たなければ意味がない。整理術、勉強法を扱った書籍は世の中に数多く存在するが、それらの内容を実践することは普通の人には難しい。

それに対し、本書の内容はどんな人でも確実に実践することができるものばかりだ。そのため本書は、「最強の実用書」とも言えるだろう。

これからの世界をたくましく生き抜いていけるような芯のとおった能力を、獲得してもらえれば幸いである。

佐藤 優

調べる技術 書く技術 目次

第2章 【インプット】情報を「読む力」を高める

第3章 【アウトプット】読んだ知識を表現につなげるスキル

第4章 調べる技術、書く技術の「インフラ整備」のすすめ

第1章

情報過多な時代の調べる技術、書く技術

これからの時代の調べる技術、書く技術

知的生産力は「トップ1%」のスキルではない

本書は、情報が氾濫する現代において、それらの情報から正しい情報を調べ、書くことや伝えることなど、広い意味でのアウトプットにつなげるための方法、つまり「知的生産術」を解くものだ。

はじめにいっておきたいのは、**知的生産とは社会の限られた人々だけが行うものではない**、ということである。

知的生産というと作家や評論家、あるいは画期的なビジネスモデルやイノベーションを起こしつづけている起業家やクリエイターなどの専売特許、というイメージがありそうだが、実はそうではない。

後でも詳しく説明するように、たとえマニュアル業務として分類されるような仕事であっても、知的生産といえる部分が多分にある。

問題は「知的な生産をするかどうか」ではなく、「生産活動のなかの知的な『濃度』を、いかに高めるか」だ。何かしらの生産活動に従事しているのであれば、すべての人が知的生産と無縁ではない。知的生産とは社会のトップ1％のスキルではないのである。

そのうえで触れておきたい重要な要素は、「楽しんで仕事をすること」だ。いくら知的生産のスキルを上げても、人生が楽しくなくては意味がない。働いたらきちんと休む。充実したプライベート時間も確保する。そのためには仕事を効率的に進める必要がある。なおかつ成果を出し、やりがいも感じられるのが理想だ。

つまり知的生産力は高めればいいわけではなく、これを高めることによって、人生の充実度が上がることが重要なのだ。知的生産は人生の目的ではなく、手段ということである。

次ページの図を見てほしい。成果の程度、快・不快の程度をレベル分けしたら、読者は今、どこに位置するだろうか。

「快適だが成果は低い」というのは「マイペース型」だ。「釣りバカ日誌」のハマちゃんを思い浮かべてもらえればわかりやすいだろう。

目立った成果はなく、社内の評価も高くはない。しかし本人はそれを大して気にしておらず、趣味の活動で輝くタイプだ。そんな人はあっという間に会社で淘汰(とうた)されてしまいそうだが、組織には一定数、こういう人がいることでバランスがとれるという一面もある。とくに大企業や中央官庁などではそうだ。

一方、「不快だが成果は高い」というのは「ワーカホリック型」だ。多大なストレスを感じながらも何とか成果を挙げている状態である。ただし、ストレスが強くなり過ぎると、次第に成果も上がりづらくなってくる。

するとに陥るのが、「不快で、かつ成果も低い」という「バーンアウト型」だ。過度のストレスを抱えながら仕事をがんばりつづけた結果、燃え尽きてしまう。誰にも相談できず、うつ症状をともなうことも多い。会社から淘汰されてしまうのは、先ほどのマイペース型よりも、むしろこのバーンアウト型である。

仕事の快適度・成果度のグラフ

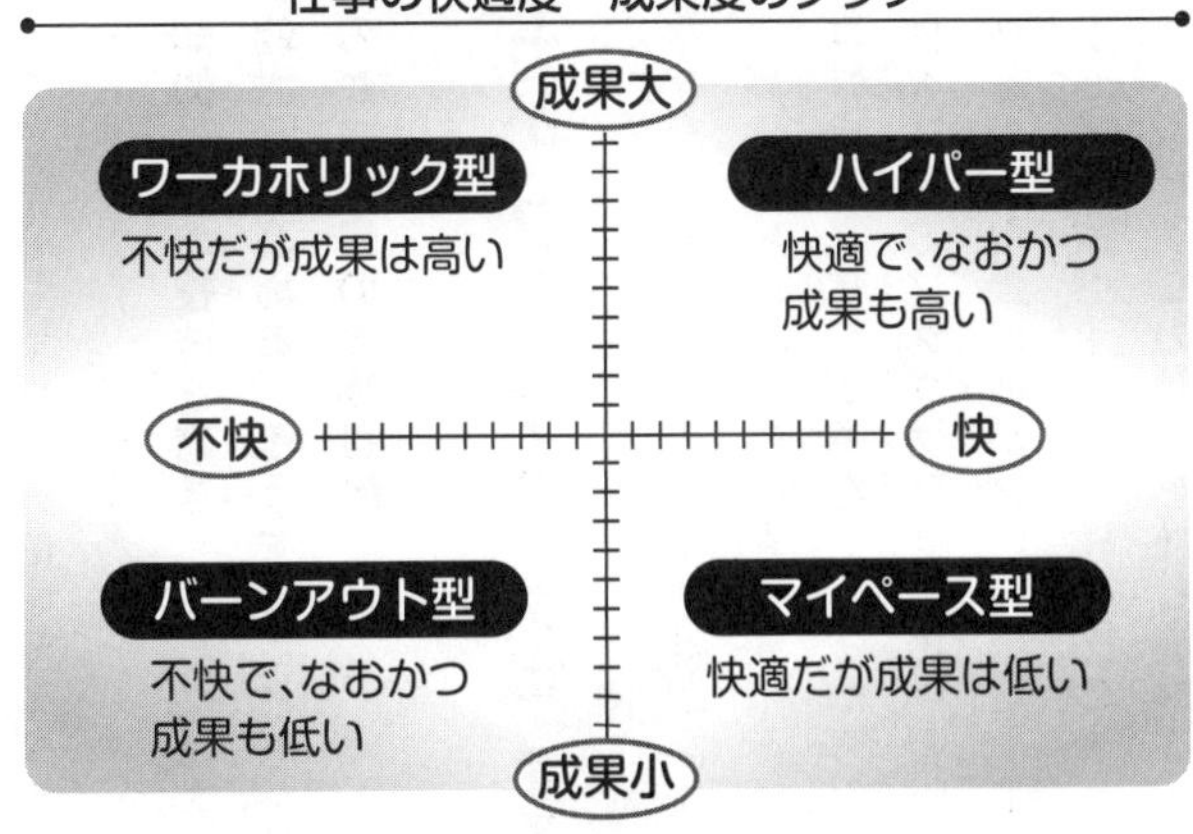

そして最後、「快適で、かつ成果も高い」というのは「ハイパー型」だ。効率的に仕事を進め、成果も挙げている。休息やプライベートの時間もしっかりあり、ストレスは少ない。社内外の人間関係もうまくいっている。

働く以上は、このハイパー型の状態になれるのが理想ではあるが、真面目で一生懸命という人ほどワーカホリック型からバーンアウト型に移行しやすい。**最高のハイパー状態になるのは難しいと思うのなら、まずは「そこそこ快適で、そこそこ成果も上がっている」という、ハイパー寄りのところを目指すといい**だろう。

本書で紹介していく知的生産のスキルを磨く方法とは、すべからく、そのためにあると考えてもらってかまわない。

知的生産の技法を磨き、さらには人間関係構築力――俗にいう「コミュニケーション能力」を高める。そうすることで、読者が人生そのものの充実度を高めていくというのが、本書の最終目的である。

学力が「フタコブラクダ化」する現代日本

なぜ今、知的生産術の重要性が高まっているのか。それは、今日の日本社会において、高学歴・高収入を「もつ人」と「もたざる人」の二極化により、社会構造の「フタコブラクダ化」が進んでいるからだ。

「日本社会のフタコブラクダ化」というのは、前に、大学入試センターの山本廣基氏と話していた際に私が思いついたキーワードだ。山本氏によると、ここ10年ほどの傾向として、次ページの上段の図のようにセンター試験の成績が正規分布していないということだ。この傾向を推し進めると、フタコブになる。

成績が正規分布しない近年のセンター試験

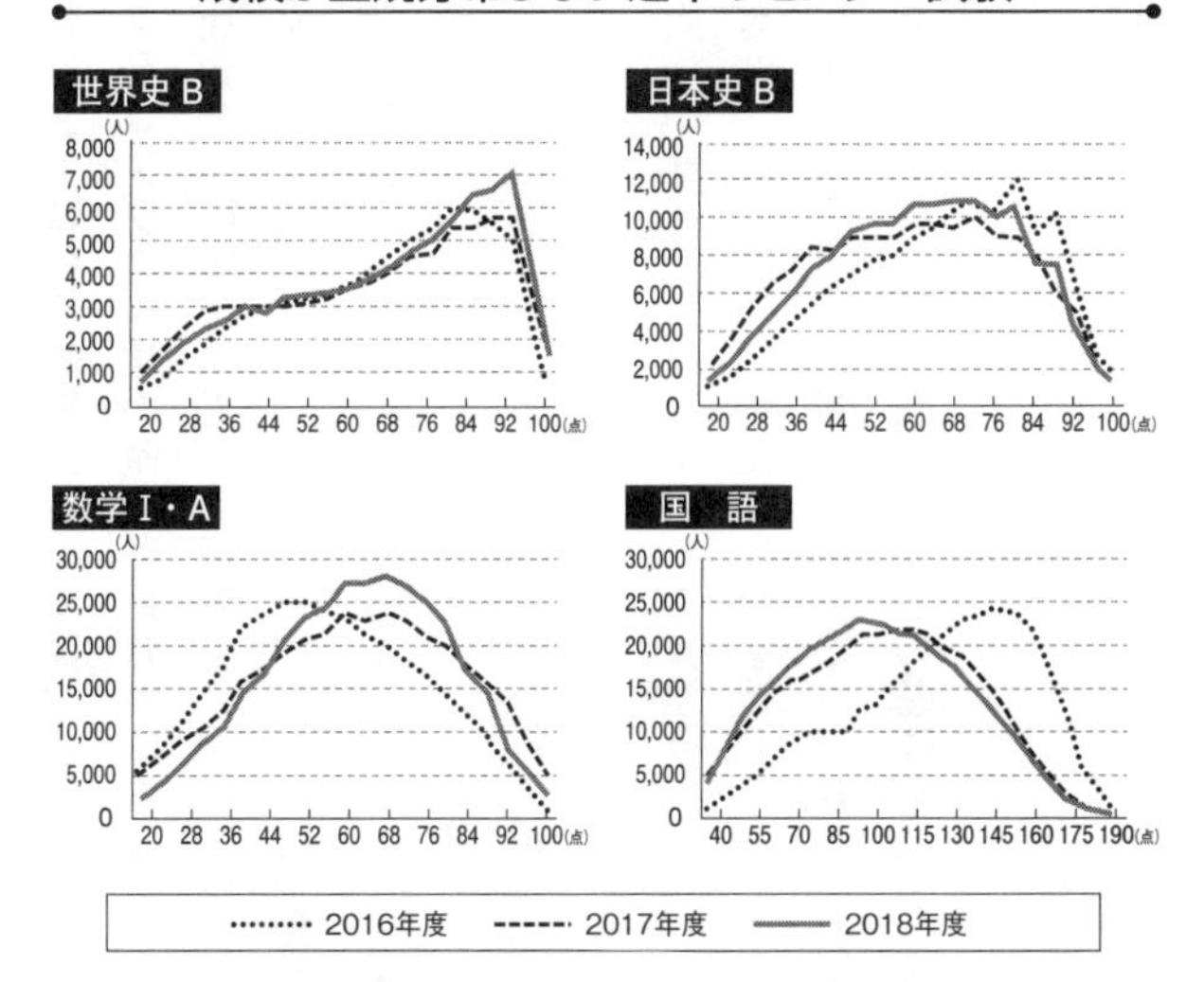

所得金額階級別世帯数の相対度数分布

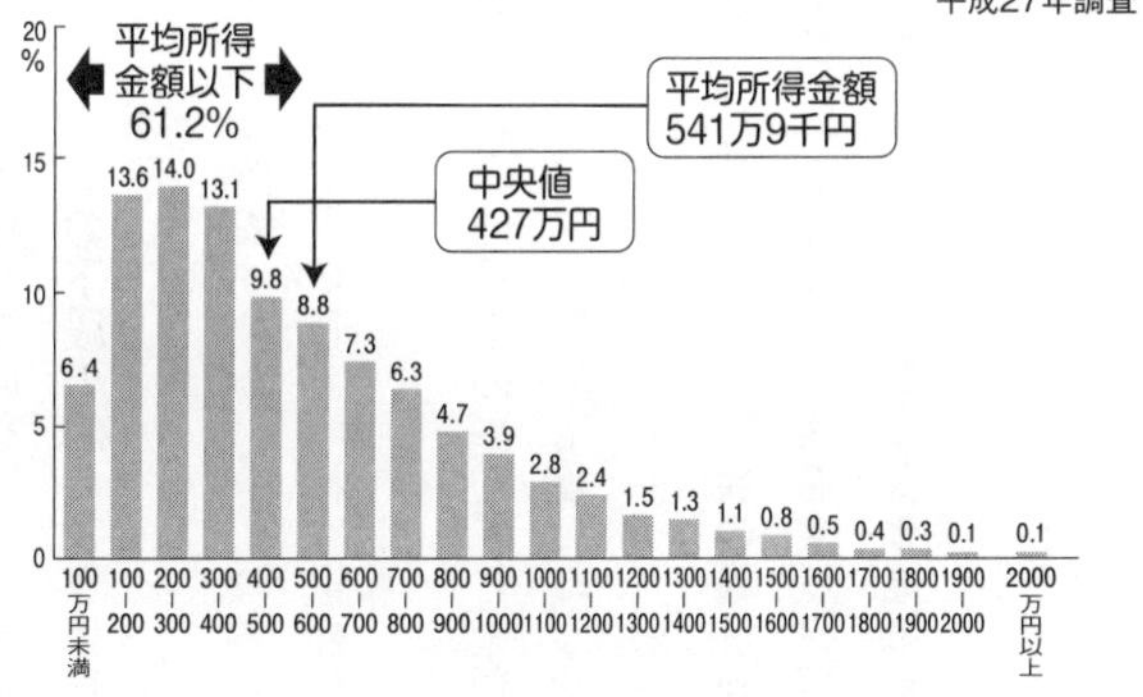

センター試験の結果については、きれいなフタコブまでにはなっていないが、成績のフタコブラクダ化の傾向はたしかにある。これは、前ページの下段の図のように日本社会全体に起こっている現象といっていいと思う。

前コブは、高学歴、正社員で日本の平均所得金額以上の所得を有する、いわゆる中産階級以上の人々を指す。あるいはフリーランスであっても、成功していれば正社員以上の年収を得ている人もザラであり、紛れもなく前コブに入る。

一方、後ろコブに入るのは、非正規雇用で中卒や高卒、年収は日本の平均所得金額以下という人々だ。また、大卒でも就職活動で内定がとれず、非正規雇用となれば低収入になり、後ろコブに入ってしまう。

本来、社会は格差がなだらかなヒトコブ構造であるべきだ。しかし、**社会の構造が変わるには時間も手間もかかるため、自分で何とか生き抜けるように工夫をする必要がある。それには、読解力などの基礎学力と、コミュニケーション能力が欠かせない。**

読解力は、上司の指示や顧客の要望を的確に理解するために不可欠だ。また、数学力はロジカルに考えられるようになるために必要であり、やはり仕事に欠かせない能力だ。さらにコミュニケーション能力は、「困ったときはお互い様」の実現に不可欠である。

自分に何かあったときに、迷わず助けてくれる人がどれだけいるか。そう考えると、仕事上の人付き合いと同等に、プライベートの人付き合いも、実は今後の生き残りに大きく関わってくる。

そういう意味で、**これから話していく知的生産術とは、フタコブラクダ化が進むこの日本社会における「知的生き残り術」**といってもいい。

「後ろコブ」の人たちを待ち受ける未来

日本社会の「フタコブラクダ化」が進むなかで、AI技術の発達によって、人間の仕事の大部分がAIに取って代わられるといった議論が高まっている。しかし、結論からいえば、**高度に知的な仕事も、それ以外の単純労働も、完全にAIに奪われることはない**と見ていい。

もちろん部分的にはAI化が進むだろうし、その部分は急速に拡大していく可能性が高い。しかし、完全にＡＩが担うことはないだろう。どんな生産活動も「人」が相手である限り、提供する側にも必ず「人」が必要だからだ。

たとえば、コンビニエンスストアやスーパーなどでは、自動レジが主流になるといわれている。

しかし、自動レジがトラブルを起こしたときや、自動レジでは対応できないようなイレギュラーな事態が起こったときには、やはり人がいなくては対応できない。そもそも人間的な温かみのある接客など、ＡＩには不可能だ。

ＡＩ化が進むというと、先ほど示したような後ろコブに入っている人たちは、たちまち淘汰されるように考えてしまうかもしれないが、そんなことはないのである。

競争相手がＡＩとなれば賃金は問答無用で下がっていくだろうが、モノの値段も下がる傾向にあるため、それでも最低レベルの生活は成り立ってしまう。ただし持ち家や自家用車、あるいは子どもをもつことなどは諦めることになる。

こうして**後ろコブの人口は拡大し、経済的には縮小する一方で、数少ない前コブに**

は仕事もお金も情報も集中することになる。

ＡＩ技術の発達というと、ＡＩが人間の知能を凌駕する「シンギュラリティ（技術的特異点）」が起こると盛んに議論している人もいるが、ＡＩとはあくまでも「ＡＩ技術」だ。そして「技術」とは人間が作り、発達させるものである以上、それが人間を超えることはない。

つまり、きたるＡＩ時代に憂えるべきは、人間を超えるＡＩに仕事を奪われること自体ではない。ＡＩが担う部分が大きくなることで、人間社会において、小さな前コブと大きな後ろコブという極端な「フタコブラクダ化」が進むことなのだ。

前コブに近づくためには、AIを競争相手としない、真に人間的なスキル、いわば人間だけが理解できる「付加価値」をつける素養を磨くことである。知的生産術とは、ＡＩには到底できない「知的な付加価値」をつける素養の磨き方と言い換えてもいい。

「知的アウトプット」の作法

人間のアウトプットはすべて「知的活動」

こうした中で、本書でいう知的生産をひとことで定義すれば、「人間固有の知的な活動」と言い表すことができる。それは**「ゼロから1を生み出していく能力」と、「1を100にしていく能力」を指す。これらの能力は「モノの生産」ではなく、「アイデアの生産」**といってもいいだろう。

このように定義してみると、およそ人間が関わる活動に、「知的でない生産」は存在しないということになる。

なぜなら、一見、単純にモノを生み出している仕事でも、あるいは一見、単純にマニュアルを遂行しているだけの仕事でも、人間が関わる以上は、必ずアイデアが介在するからである。

16〜17ページで、知的生産とはトップ1％のスキルではないと話した。

もちろん、モノを生産するための企画力――車の生産でいえば、どういう層に向けて、どんな使い勝手を謳い、そのためにどんな装備をつけた、どういうデザインの車を作る、といったことを考えるのは、紛れもなく知的生産である。

しかし、こうした**モノづくりの「上流」にあるアイデアの生産だけが、知的生産というわけではない。**

それこそＡＩとの対比で考えるとわかりやすいだろう。

モノを生産するＡＩは、設定された生産ラインを忠実に遂行するが、人間はどうやったらもっと作業を効率化できるか、どうやったらもっと従業員が快適に働けるか、といったことを考える。

また、近い将来には接客ＡＩが採用されるところも増えていくと考えられるが、ここでもＡＩと人間の違いは明確だ。

ＡＩはどんな客が来てもマニュアルどおりに接客するが、人間は、マニュアルを基本としながらも、お客の状態を見て自然と対応を変える。

たとえばファストフード店などであれば、明らかに急いでいるように見える人に

「ごゆっくりお過ごしください」とは言わないし、商品やお金の受け渡しも、通常よりこころもちスピーディにするはずだ。こうした人間的なやりとりは、ＡＩにはできない。

ほんの一例に過ぎないが、いずれにも「アイデア」が介在していることがわかるだろうか。それが「人間固有の知的な活動」ということなのである。

裏を返せば、どんなお客が来てもマニュアルどおりで、急いでいるように見えるお客にも「ごゆっくりお過ごしください」なんて言ってしまうような人は、本来、人間の活動に必ずあるべきアイデアを介在させられていないということだ。

となるとＡＩと競争する羽目になり、より安価に、かつ長時間連続で使えるＡＩによって淘汰されてしまう危険すらある。

ＡＩ技術が目覚ましく発展し、今後ますます人間の生活に大きく関わってくると考えられている。そんな現代だからこそ、私たちは、もともとあるはずの「人間固有の知的な活動」によって生き抜いていくスキルそのものに、ますます磨きをかける必要性に迫られているのである。

非合理性こそ人間の領分

AIと競争しない、真に人間的な価値を発揮できる人材になるには、どんな仕事にも付加価値をつけていくことを考える必要がある。

人間は100％合理的な生き物ではない。もし100％合理的な生き物であれば、すでにAIの働きにも十分満足しているはずだが、現実問題として、そうはなっていないだろう。

たとえば、AIがマッチングをしてくれる婚活サービスがあったとしよう。年齢や年収といった条件を入力すれば、たしかに条件に見合った相手を探してくれる。しかし何より肝心ともいえる人間的な相性までは、AIには判別できない。

だからAIが自動的にマッチングしてくれる婚活サービスなどより、生身の人間が人を見て相性を考え、これと見込んだ相手同士をマッチングする婚活サービスのほうが成功率は高くなって当然というわけだ。

このように、人間の非合理的な一面は、人間にしか対処できない。もう1つ挙げるとしたら、「スマホケース」なども付加価値の典型例だ。

スマホは可能な限り軽量化、薄型化してきた。しかしその結果、本体が折れやすい、液晶が割れやすいといった難点が生じてしまった。かといって、スマホ自体が進化を止めて重量化、厚型化するというのは考えづらい。

そこで、以前にも増してスマホカバーの需要が高まった。この流れを読んで、いち早くスマホカバーのデザインを多様化あるいは洗練させたり、カード入れや鏡などのプラスアルファをつけたりすることを考えた人たちは、かなり大きな知的生産をしたことになる。

これら2つの例からわかることは、知的生産とはハイテクや特殊技能とイコールではないということだ。

知的生産の根幹をなすのはアイデアであり、それは世の中の流行を見抜く眼力や柔軟な発想力、あるいはもっと根源的な人間力があれば発揮できるものなのである。

人間の仕事を、知的生産と知的生産でないものに分けることはできない。違いがあるとすれば、17ページでも触れたように知的生産の「濃度」の違いだ。

たとえば、上司や顧客から言われたことを正確に理解し、ミスなく実行する。そこにちょっとした気遣い、プラスアルファを加えるというのも、知的生産の濃度を高めるということだ。

そういうことができる人は間違いなく評価され、評価は確実に金銭的な豊かさにもつながっていく。

一事が万事で、何かしら人間的な文脈を読んで付加価値をつけるということは、AIには到底できない芸当だ。**付加価値をつける能力を上げれば上げるほど、知的生産の濃度は高まっていく。**そこにこそ、AI時代に、人間が本当に人間らしい能力を発揮し、より豊かに幸せに生きる糸口があるといっていいだろう。

トライアンドエラーで、調べる力、書く力を高める

「勤勉さ」は、知的活動の必須要件

知的生産とは、人間固有の知的な活動であり、ゼロから1を生み出したり、1を100にしたりすることであると述べた。

また、それは「付加価値」をつけることともいえ、付加価値をつける能力を上げること＝知的生産の濃度を高め、より豊かに幸せに生きる糸口になるとも述べた。

では、知的生産能力は、どうやったら上げることができるのか。

第一段階として重要なのはインプットだ。中学～高校の教科書レベルの基礎学力をつけることと、自分の仕事に関する知識をアップデートすることである。

しかし単なる物知りで終わらないためには、インプットで得た知識・教養をアウトプットにつなげなくてはならない。このアウトプットが、要するに知的生産にあたる。

人間の生産活動には、すべからくアイデアが介在する。ただし、自分のアイデアが付加価値となるかどうかはアイデアを実行してみないとわからない。したがって、まず必要なのはアイデアの実行力、つまり「やってみる」ことだ。

実行したら、それが付加価値となりうるかを判断する力、そこで付加価値になりうると判断したら続ける力も必要だ。

また、うまくいかなかった場合には、また考え直してやってみるという粘り強さも求められる。

ただし、もとから「いい筋」ではないアイデアに固執し続ければ、時間の無駄となりかねない。一方、少し改善すれば光明が開ける「いい筋」のアイデアなのに、ちょっとやってみてうまくいかないからといって、すぐに諦めてしまうのはもったいない。

したがって、**1つのアイデアを改善してやり直してみるべきか、あるいはゼロから考え直して新たに挑戦するべきか、見極める力もあったほうがいい**だろう。

人間は100%合理的な生き物ではない。その非合理性が、「何が価値となるかは、やってみなくてはわからない」という現実を作っている。当然、最初からうまくいく場合もあれば、いかない場合もある。

だからこそ、やってみては改善し、改善してはまたやってみる、ということが求められるというわけだ。

自分が「これはいける」と思ったものでも、社会に受け入れられなくては、知的生産をしたことにならない。作家として活動している私も、何をもってよいアウトプットか、いい知的生産であるかは、つねにマーケットに判断されると考えている。

社会をつねに意識しながら、自分がどんな付加価値を提供できるかを考え続ける。いわば**社会との「接地面」を探り、インプットも磨きながら、トライアンドエラーを続けられる勤勉さが、知的生産に必要な素質**といえる。

45歳までは「知的生産」、45歳以降は「知的再編」

知的生産とは、言い換えれば付加価値をつけるということだが、そうはいっても今の生活を激変させるようなことではない。

今の仕事の連続性で考えるならば、**毎年2%でも付加価値をつけられれば立派**なものだ。国すら2%の成長率を達成できないのだから、個人で毎年2%の付加価値をつけるとなれば相当なものだろう。

インプットを磨き、毎年2%ずつの付加価値を目指す。そして45歳になったら人生の折り返し地点だ。ここからは今までに積み上げてきた財産を生かすことへとシフトしていくといい。

45歳までが「カードを増やす『知的生産』の段階」だとしたら、45歳以降は「今までに増やしたカードを組み替えて生かす『知的再編』の段階」といえる。

年齢を重ねると、次第に気力、体力ともに落ちてくるものだ。当然、どれほど気をつけていようと頭脳も衰えてくる。今はバリバリがんばれていても徐々に息切れしてきて、かつてのようには素早くインプットができなくなってくるのだ。

そうなったときに慌てずに済むよう、45歳まではめいっぱいインプットに勤しみ、45歳になってからは、それまで積み上げてきたインプットを生かしてアウトプットをしていくことだ。

後でも詳しく話すが、それまで積み上げてきたものを活かすということには、人間関係も含まれる。

歳を重ねるごとに健康不安も増す。そんななかでは、よきパートナーや仲間の存在のありがたみが身にしみるものだ。また、社会人として経験もスキルも積み切る時期でもある45歳以降に、起業を考える人もいるだろう。そんなときにも、金銭面や人材面で、それまでに構築してきた人脈がものをいう。

今はまだわからないかもしれないが、**良好な人間関係を構築するコミュニケーション能力というのも、知的生産力の重要な一要素**なのである。

いつまでも知的生産力を落とさず、豊かに幸せに生きていくためには、こうした年齢に応じた戦略も考えておいたほうがいい。

新時代の知的生産の鍵を握る「総合力」

人間が労働から解放されることはない

ＡＩと人間とでは能力の質からして違うということは、前にも話したとおりだ。世間でＡＩと呼ばれているのは、あくまでも「ＡＩ技術」だ。いわば技術力の発展によって活躍の場を広げつつある、人間の最新の補助ツールの１つに過ぎない。

ＡＩ技術が発展するにつれて、人間は労働から解放されるといった議論も見られるが、今までに説明してきた理由（公理的限界）から、そんな時代は訪れない。

労働とは、人間が自然界に働きかけて、何かしらの成果物を得ることである。その原理原則がある限り、労働のすべてをＡＩが担うようになることはない。

ただし前にも指摘したように、**ＡＩを競争相手としてしまうと、価値を生み出す現場に居場所がなくなってしまう。**補助ツールに過ぎないといえども、人間社会におけるＡＩのプレゼンスが大きくなっていることは、決して見逃せない。
かくなるうえは、**これからの時代の「知的生産＝人間固有の知的な活動」のあり方を、私たちは改めて考えなくてはならない。**

ＡＩが担う「分析力」、人間が担う「総合力」

そこで触れておきたいのが、**「分析力」**と**「総合力」**という考え方だ。これらは哲学の概念なのだが、ＡＩと人間の違いや、人間がＡＩに淘汰されずに生き残る方法を考える上でも非常に参考になる。

この2つの違いを端的に言い表すと、次のようになる。

「黒い犬は黒い」というのは分析力による判断だが、「黒い犬は優しい」というのは総合力による判断だ。

両者の違いがわかるだろうか。分析力には「黒い犬＝黒い」というように、述語に主語の要素が含まれている。一方、総合力には「黒い犬＝優しい」というように、述

「分析力」と「総合力」の違い

語に主語の要素以外の価値判断が含まれている。

これは、そのままＡＩと人間の能力の違いといえる。

たとえば、ＣＴスキャンの画像から病気の有無や進行具合を診断するのは分析力であり、ＡＩでもできる。「この画像は２センチ大のがんがあることを示している」というのは、判断能力としては「黒い犬＝黒い」と変わらないのだ。

しかし、患者の問診を通じて、生活習慣や体質、患者自身や患者の家族の病歴、さらには患者の性格的なところも含めて治療方針を決めるのは総合力であり、これは人間の医師にしかできない。

したがって、今後、医療現場にもＡＩ技術が普及したら、そのなかで生き残れるのは、後者のような総合的な判断ができる医師ということになる。

医師のように高等かつ専門的な知識や技術をもつ職業であっても、分析力の領域に安住していては、ゆくゆくはＡＩに取って代わられる危険があるというわけだ。

ＡＩ技術が発展も普及もしていない時代は、分析力も総合力も関係なく、たいていの仕事は人間が担っていた。

しかし今後は、**分析力の部分はどんどんＡＩが担うようになっていき、人間は、人間的な価値判断や感覚、発想力、創造力、想像力を動員し、付加価値をつける総合力がなくては、豊かに幸せに生きていけない。**そういう時代が到来しつつあるのだ。

では総合力は、いかにして鍛えることができるか。

それはすでに説明したとおり、中学～高校の教科書レベルの基礎学力と自分の仕事に関する知識のアップデート、それらをもとに付加価値をつけるための思考力、そして人間関係構築力の三拍子である。言い換えれば、インプット力、アウトプット力、コミュニケーション能力だ。

次章からは、読書などインプットを磨く方法、書くなどのアウトプットをするための思考力を鍛える方法、そして最後に、調べる技術、書く技術のインフラともいえるコミュニケーション能力の高め方を紹介していく。

第2章

【インプット】情報を「読む力」を高める

情報を調べる・見極める

──「生の情報」は新聞、「経緯や結論」は本で

調べる力の土台になる「読み解く力」

アウトプットは、インプットなくしては成り立たない。

情報を読み、理解し、主に「書く」ことによって、自分で「料理」して世の中に送り出す。私のような作家の仕事はその最たるものといえるが、すべては情報のインプットから始まる。

「料理」とは、ひとことでいえば付加価値を与えるということだ。どういう形の付加価値を与えるかは、仕事によって異なる。

作家や評論家ならば、情報をもとに創作したり、分析や価値判断を加えたりすることが付加価値となる。モノづくりに従事する人ならば、情報をもとに新製品のコンセプトを考えることが付加価値となるだろう。

あるいはファストフード店の店員など、マニュアル職といわれる仕事ならば、マ

ニュアルという情報を理解し、自分なりに手を加えて仕事をすることが付加価値となる。これも、最初にマニュアルという情報のインプットがなくては成立しない。

第1章でも述べたように、世の中で人間が従事している仕事で、知的生産というアウトプットに至らない仕事は存在しない。そして**すべては、しかるべき情報のインプットから始まる**のである。

となれば、どういうインプットをするかが、アウトプットの質を決めるということは、もう想像がつくだろう。本章では、良質なアウトプットに結びつけるための、よきインプットの技法を見ていく。

知的生産力を高めるインプットのコツ

インプットには、大きく分けて2種類ある。

1つは、理解力の土台を作るためのインプット。もう1つは、具体的なアウトプットのために行うインプットだ。

理解力の土台を作るためのインプットとは、要するに基礎知識と教養を身につけるということである。

さらに具体的にいえば、基礎知識・教養とは、高校の教科書レベルの知識・教養と、自分の仕事に関する知識を指す。自分の仕事に関しては、大学レベルの基礎知識を身につけた上で、折に触れてアップデートする必要もある。

世の中には、基礎的な知識・教養がなくては理解できない情報がたくさんある。新聞1つをとってみても、高校の教科書レベルの知識・教養があるのとないのとでは、理解のレベルもスピードも大きく異なる。

そして、具体的なアウトプットのためにインプットする際には、自分の仕事に関する基礎知識とアップデートされた知識が欠かせない。

たとえば、マーケティングに従事しているのなら日経流通新聞、産業界にいるのなら日刊工業新聞、農業に就いているのなら日本農業新聞を理解できるくらいの知識を身につけるということである。裏を返せば、これらを読んでスムーズに理解できるかどうかが、自分の知識レベルのバロメーターになる。

仕事に関する知識をしっかり身につければ、新たにインプットする情報の理解度が底上げされる。当然、そのインプットをもとに行うアウトプットの質も高まるのだ。

見てとれるように、理解力の土台を作るためのインプットは、何か具体的な目的をもって行うものではない。しかし、今後すべてのインプットとアウトプットの質を高めるために重要といえる。

理解力の「土台」と表現したのも、この理由による。**まず基礎的な知識・教養があるかどうかで、知的生産力は大きく変わってくる**のである。

もう1つの、**「具体的なアウトプットのために行うインプット」とは、目的意識をもって行うインプット**だ。理解力の土台を作るためのインプットには目的がない一方、こちらは目的のあるインプットと呼んでいいだろう。

たとえば私の場合は、今後の国際政治において重要な焦点になるのは農業だと考えている。だから今後、国際政治について発言するには、日本の農水省や農業団体の考え方・動向を知っておく必要があると考えており、そのために日本農業新聞を読んでいる。

日本の一般紙や日本経済新聞、フィナンシャル・タイムズやロンドン・タイムズなど海外の主要紙を読んでいるだけでも、国際情勢について十分情報を得ることができる。むしろ、国際情勢の識者と呼ばれる人の多くは、これらの新聞をくまなく読んでいるだろう。

しかし、みなと同じことをやっていては差別化できない。作家・評論家として生計を立てていくためには、いかにほかの人とは違う切り口、情報をもって発信するかが問われてくる。そこで私は農業という切り口を定め、定めたからには、ある程度、精通できるように農業の専門紙を読んでいるのだ。

この例に限らず、**私はつねに、「直近〜場合によっては長期のアウトプットに役立つもの」という視点で情報源を選んでいる。**

沖縄の米軍基地問題が主要トピックとなれば琉球新報を読むし、北方領土交渉が本格化すれば、北海道新聞を読む。こうした問題を考えるには地元の声を知ることが重要であり、それは地元で発行された新聞でこそ、もっとも豊富に取り上げられているからだ。

ひと口に新聞といっても、読売新聞や朝日新聞などの一般紙は社会全般のこと、多くのビジネスパーソンも読んでいる日本経済新聞は主に工業界のこと、という具合に報じている情報に偏りがある。

これらでは今後のアウトプットに必要な情報を補いきれないと判断したら、専門的な情報が豊富に掲載されている業界紙にも目を通す。

もちろんインプットは新聞に限らない。リアルタイムな情報は新聞で追いかけるが、今までの経緯などは主に書籍や論文からまとめて情報を入手する。

新聞は、発行時点での事実を伝えているに過ぎない。物事は移り変わっているため、過去の情報をインプットするには、書籍や論文など、ことの経緯や帰結、結論をまとめた書籍などのほうが手っ取り早い。

このように説明すると難しく感じたかもしれないが、**具体的な目的のためにインプットするというのは、実は普段から誰もが行っていること**だ。

ダイエットしたいならダイエット本を読む。資格試験を受けるなら参考書を読む。それと同じである。仕事でも、たとえば新規プロジェクトのために、参考書籍に目を通すことがあるだろうし、新聞を読めば、仕事に役立ちそうな見出しほど目につく。私は、これらの作業をより意識的・戦略的に行っているというだけだ。

今、挙げてきたインプットのうち、自分の仕事に関する基礎知識およびアップデートされた知識と、具体的な目的のために行うインプットについては、個々人でニーズが異なるため、私から何を読むべきかなどを具体的に示すことはできない。**これから話していくのは、一般的な知識・教養の習得と情報収集のコツ**である。

ただ、まず理解力の土台を作っておくこと。さらには、そのつどの目的に応じた情報源を賢く選ぶことが、インプットの質、ひいてはアウトプットの質を高めるためには欠かせないという話は、ぜひとも心にとめておいてほしい。

調べる技術の基本は「読むこと」

ではインプットとは具体的にどのような作業か。**まず基本は「読むこと」、そして第二に「聞くこと」**だ。職業によっては触れることや嗅ぐことなども重要な情報源となるだろうが、ベースは「読む」、そして「聞く」の2つと考えていい。

私も、インプットでは「読むこと」にもっとも時間を割いている。本を読む。新聞を読む。さらにネットでは、ソースがたしかな公的資料を読む。作家という職業柄、このように読むことに力を入れていないと、持続的なテキストの生産ができなくなってくる。

「聞く」というのは、私の場合、人の意見である。自分の専門外のことについては、その道の専門家に直接、「これについてどう思いますか」と意見を求める場合も多い。

読者にすすめる上では、ラジオや**オーディオブック**を活用するというのも、「聞く」

耳で聞くことで、情報が記憶に残りやすくなる「オーディオブック」

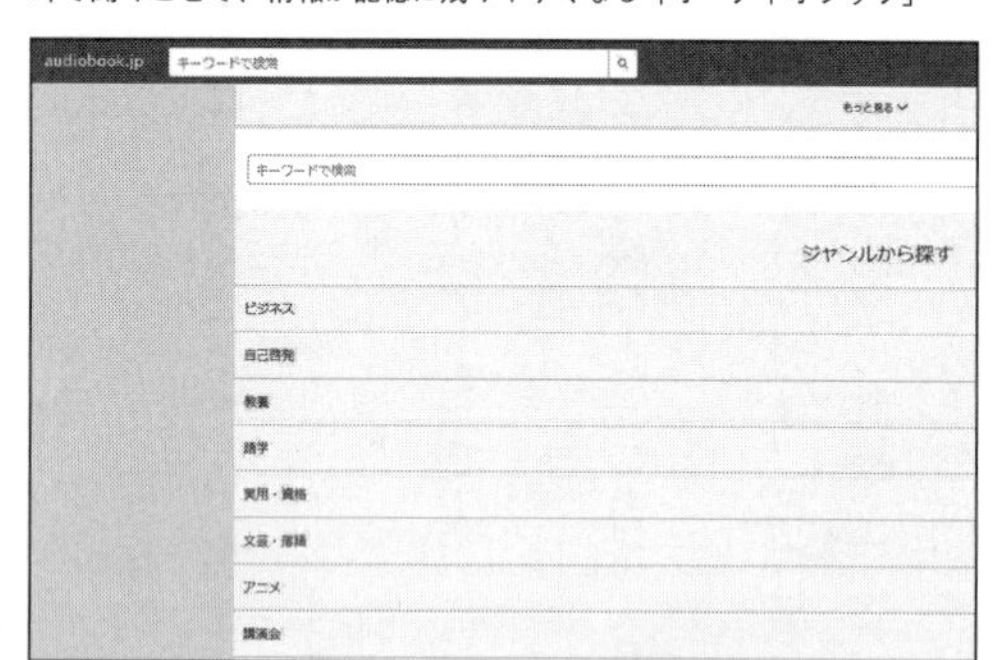

出所：https://audiobook.jp/

形でのインプットだ。

しかし、忙しくて情報収集になかなか時間を割けないというのが、多くのビジネスパーソンの正直なところだろう。たしかに仕事はもちろん、プライベートも充実させるには、日がな一日、本や新聞を読んでいるわけにはいかない。

ここで紹介したラジオやオーディオブックならば、通勤時間など読むことが困難な状況でもインプットできる。しかも、耳からの情報というのは、記憶に定着しやすい。

読む場合は、文字が意味をともなって目に飛び込んでくるが、聞く場合は、まず耳に飛び込んでくるのは「音」であり、それを意味に置き換えて理解するというステップを無意識のうちに踏んでいる。理解に至るまでの手順が1つ多いから、おそらく記憶に残りやすいのだろう。

とはいえ、「聞く」インプットは、バリエーションや、良質な情報源の数という点で、「読む」インプットには劣る。また「読む」のと比較すれば情報入手に時間がかかる。オーディオブックやラジオは通勤時間などを活用するインプット法として、基本はやはり「読むこと」である。

情報のなかには画像やデータなど、「見る」ものもある。これらは情報の宝庫ではあるが、見て理解するためには、言語化というプロセスを経なくてはいけない。それには相応のスキルが必要となるため、専門家によって言語化されたものを「読む」「聞く」ほうがメインとなる。

さらに、「考える」という作業がなくてはインプットもアウトプットもできないが、いかに考えたらいいいかは第3章で説明する。

読書する
──教養力アップに使える「高校教科書」

自分のOSをアップデートする「読解力」

前項で、高校の教科書レベルの知識・教養と、自分の仕事に関しては大学レベルの基礎知識を身につけておくべきだと述べた。

これらは、パソコンにたとえれば「ＯＳ」だ。

ＯＳの質がよくなければ、どれほどいいアプリを入れても機能しない。同じく、基礎知識・教養がなくては、どれほど有益なインプットがあっても活用できない。文字どおり頭がフリーズし、有益なインプットを質の高いアウトプットにつなげることも難しいだろう。

アウトプットに求められる能力は、職業などによって異なる。**整理力も発想力や文**

章力も図解力も、すべてアウトプットの一形態である。

しかし、どのような「出口」に向かうとしても、情報を活用する力の土台となるのは理解力であり、理解力を磨くためには優れた「ＯＳ」、すなわち基礎的な知識・教養を自分の頭に「インストール」しておくことが重要なのである。

「知性の土台」になるインプットとは

「NHK NEWS WEB」は、新聞と同等のソース

出所：https://www3.nhk.or.jp/news/

次に何をインプットするかだが、これには大きく2つある。

1つは、新聞を読むことだ。新聞と同等といえるNHK NEWS WEBなどでもいい。とにかく日々、移り変わる生のニュースに触れるということである。

ただし先ほども述べたように、こうした生のニュースの理解度は、基礎的な知識・教養の有無

に大きく左右される。

たとえば「ビジネスパーソンのたしなみ」とばかりに日本経済新聞を購読しているものの、文字を追っているだけで内容がほとんど頭に残らない、あるいは読むのにものすごく時間がかかっている、といった経験はないだろうか。

多くの場合、情報を自分のものにできないのは基礎的な知識・教養が不十分であることが原因だ。基礎的な知識・教養が欠けているために、報じられているニュースの経緯や背景が理解できない、だから時間をかけて読んでも頭に残らないということである。

そこでもう1つのインプットの出番である。新聞などの情報を読みこなすために必要となる、基礎的な知識・教養を身につけるためのインプットだ。

基本は高校の日本史A、世界史A、政治経済、数学Ⅰ・Aの教科書である。

現在の世界は、いうまでもなく過去の世界からのつながりの上にある。日本史と世界史の基礎知識は、そのつながりを踏まえて、現代日本や世界をより深く理解する土台として欠かせない。

歴史の教科書には、「A」と「B」がある。日本史も世界史も、「B」のほうが扱われている事項は多いのだが、解説がページ数に追いついていないのが実態だ。限られた紙面に、できるだけ多くの出来事を詰め込んだ結果、年号と出来事の羅列のようになってしまっている。

要するに「B」は歴史のおもしろさを感じにくいのに加えて、解説が足りないために中途半端な理解に終わってしまう危険性があるのだ。

その点、**日本史Aと世界史Aは、扱う出来事が厳選されている分、解説にもしっかり紙面が割かれていて深い内容になっている。**とくに日本史Aは近現代史に焦点が当てられており、現代のビジネスパーソンが押さえておくべき歴史的知識が満載されている。

なにも歴史の専門家を目指すわけではない。歴史の基礎知識を身につけるのである。それには歴史の基本と大まかな流れを、素早く、かつ歴史のおもしろさを感じながら吸収できる日本史A、世界史Aのほうが、時間のないビジネスパーソンにとっては断然、効率的だ。

念のため付け加えておくが、歴史小説で歴史を学ぼうとするのはよくない。小説はあくまでも小説、つまり「物語」であり、おもしろくするために作者が歴史的事実に大胆な創作を加えているケースも少なくない。娯楽として読むのはかまわないが、歴史を勉強する目的で読むと、そのまま歴史誤認につながる可能性がある。

基礎的な知識・教養を誤りなく身につけるには、やはり教科書、もしくは教科書に準ずる学習参考書を基本とすべきなのである。

次の政治経済は、いうまでもないだろう。日ごろ触れ、理解しておくべきニュースは政治と経済関連のものがほとんどだ。現代の世界政治、経済の動向を理解する上では、高校レベルの政治経済の基礎知識は必須である。

教科書の補助として、**『詳説 政治・経済研究』**（山川出版社）も読んでおくと、より深い理解を得ることができる。

数学を学び直すのは、ロジカルに考える力をつけるためであり、どちらかというと、質のよいアウトプットを足元から支えるインプットといえる。

とりあえず、数Ⅰ・Aをマスターするように努力してほしい。微分・積分や統計を理解するためには数Ⅱ・B、数Ⅲの知識が必要だ。

そこまで学ぶのは大変という人には、高校数学の基礎を学び直せる**『生き抜くための高校数学』**（日本図書センター）をすすめる。高校レベルの数学が難しければ、**『生き抜くための中学数学』**（同右）もある。

どちらとも、数学に苦手意識をもっている人でも最後までやり抜けると思えるくらい、非常にわかりやすく作られている。

さらに理想をいえば、物理・化学・生物・地学の理科4科目も学び直すことだ。

これらは教科書でもいいのだが、講談社のブルーバックスから出ている**『新しい高校物理の教科書』『新しい高校化学の教科書』『新しい高校生物の教科書』『新しい高校地学の教科書』**は、基礎を効率的に身につけるのに最適だ。

これらに加え、哲学の入門書も読んで思想的な教養も身につけておきたい。おすすめは、**『試験に出る哲学』**（ＮＨＫ出版）、**『もういちど読む山川倫理』**（山川出版社）だ。

哲学の教養をもって日々のニュースに触れてみると、いかに思想的な背景が時事問題に影響しているかがわかり、より深くニュースを理解できるようになる。どの国の政策やリーダーの発言にも、その国が歩んできた歴史、信じてきた思想が色濃く表れるものなのである。

いきなり「課題図書」をたくさん挙げてしまったが、**高校レベルの知識・教養を身につければ、かなりの「知的基礎体力」が養われる。**

それにしても、おそらく大半の読者が高校で学んだはずなのに、なぜ、今、学び直す必要があるのだろうか。

まず、大学受験対策のために公式や歴史の年号を丸暗記しただけの人は、理解が足りておらず、重要なことをほとんど忘れてしまっていると考えられるからだ。現に今、日々のニュースや日経新聞を理解しきれていないことが多いのならば、その原因は高校レベルの知識を忘れてしまっているからである。

また、そもそも授業時間に限りがあるため、高校時代にしっかり教わることができなかったところも多いだろうという理由もある。

歴史、政治経済、哲学は、表層をさらうだけになりやすい。数学や理科4科目は、高校で理系・文系に分けられてしまうため、とくに文系に進んだ人において知識の欠損が起こりがちだ。

まず、日本史A、世界史A、政治経済、数学Ⅰ・Aの教科書を入手することだ。数学は少し解いてみて、到底歯が立たなそうだったら、先ほど挙げた書籍も活用しつつ、中学校の教科書からやり直すのもいいだろう。高校レベルまで習得するには多少、時間はかかるが、今後のためと思って、根気強く取り組んでほしい。

「本を読んでも自分の知識にならない」理由

読者のなかには、「読書をしても、内容がほとんど記憶に残らない。自分は記憶力が弱いのだろうか」と悩んでいる人も多いかもしれない。

考えうる理由は4つある。

第一に、本の内容を理解したつもりだが、実際は理解していない場合だ。前項で挙げたような教科書と書籍で基礎的な知識・教養を身につければ、理解力が格段に上がり、それだけ記憶にも残りやすくなることに気づくだろう。

第二の理由は、読書の技法が磨かれていない場合だ。ノートの取り方1つでも記憶の定着度は大きく変わる。第3章では、私が日ごろ実践しているノート術も紹介する。ぜひ試してみてほしい。

そして**第三に、読者が背伸びをしすぎている、あるいは焦っている場合**だ。

本のなかには、積み上げ式に得た知識が必要とされるものも多い。基礎的な知識・

教養を身につけても、それ以上のリテラシーが必要とされる本に挑戦しているのかもしれないということだ。その類の本は、そのつど知識を補いながらでなければ理解できない。

また、読んだ知識が血肉となり、活かせるようになるまでには、少なくとも数カ月はかかる。私の経験でも、本を通じて新たに入れた知識が本当に身につくまでには、3〜6カ月かかる。一定の時間がかかることを前提にしているからこそ、ノートをとりながら読書をしているのだ。

いずれにせよ、本から知識を身につけ、実践していくためには、相応の根気が必要なのである。

したがって、本書で紹介するハウツーを試したからといって、瞬時に理解力も記憶力も上がるとは期待しないでほしい。最初のうちは手応えを感じられなくても焦らず、根気よく続けることをすすめたい。

そして最後にもう1つ、**読んでも知識が定着せず、行動まで至らない4つめの理由として、本の内容が論理破綻しているケースが考えられる。**

編集者が適当に言説を寄せ集めただけの本や、全体の整合性をとらずに、時流に乗らんがため、売らんがために作られた本も、残念ながら少なくない。こういう本はいくら読んでも理解できず、したがって記憶にも定着しない。

身も蓋(ふた)もない話だが、論理破綻していると考えられる場合、その本は、そもそも読むに値しない。貴重な時間を無駄にしないためにも、読むべき本を的確に選びとれる眼を養っておくことが重要だ。

たとえば、**「誰」が書いているか、その人は過去にどんな本を書いているか、さらにはパラパラとページを繰ってみて、どんな章立てになっているか、専門用語を正しく使っているか、といったことから質を推測する。**場数を踏めば踏むほど、だいたい予想がつくようになる。

ここでも、基礎的な知識・教養が大いに役立つ。

その本の拠って立つところが、高校の教科書レベルの知識から大きく乖離していたら、質的に問題がある本か、最先端の学説を紹介している本かのどちらかである。ただし最先端の学説というのは稀であり、鵜呑みにするのは危険だ。基礎知識に準じていないと思ったら、その本は読書リストから外していい。

自分で判断できないうちは、新聞などの書評欄を参考にする、書店員を味方につけるというのもいい。

書店員には、マニュアル仕事をこなすだけの人もいるが、一方には本当に本が好きで、かつ自分が受け持っている「棚（専門分野）」に精通している店員も多い。そういう人を見つけて、本探しを手伝ってもらえばいいのだ。

以下、東京都の情報になってしまうが、

- 八重洲ブックセンター本店
- 丸善　丸の内本店
- 三省堂書店神保町本店

・ジュンク堂書店　池袋本店
・紀伊國屋書店新宿本店

などは、総じて専門書売り場にいる書店員の質が非常に高い。正直な話、中途半端な識者、大学教授など軽く超えるレベルといっていい。東京近郊に在住の読者ならば、電車を乗り継いででも行く価値がある。

レベルの高い書店員と出会える書店がなさそうなら、知識を得たい分野の雑誌記事や新聞連載を探し、その論者をつてに参考書籍を探すといいだろう。一流の書き手ならば、必ず論拠となる出典を示す。合わせて入門書の類を紹介している場合も多い。

「仕事に関するインプットだけ行う」と決める

読者も忙しいことだろう。日々、こなすべき仕事があるなかでも、知的生産力を高めていくには、有益なインプットを続けなくてはならない。裏を返せば、無益なインプットをしている暇はないというのが現実だ。

では無益なインプットとは何か。

1つは前項で挙げたような論理破綻している本だが、それだけではない。**仕事に関係しない本を読むことや、仕事に直結しないスキルを身につけようとすることも、無益なインプット**といえる。

たとえば語学だ。最低限の英会話力は身につけておくに越したことはないが、もし仕事上でいっさい英語を使わないのであれば、英会話習得の優先順位は、かなり低くなる。

仕事で使う場合にも、有料の通訳・翻訳アプリで事足りてしまうかもしれない。本気で、相当なレベルにまで達する覚悟があるならいいだろう。だが中途半端に取り組むくらいなら、英会話はＡＩに任せて、自分は別の有益なインプットに時間を割いたほうが知的生産力は高まる。

ましてや英語以外の言語を趣味的に身につけようとするのは、時間とお金の浪費に過ぎない。

頭の休息のために、趣味をもつことはすすめたい。私も、リラックスするときには、動物図鑑を眺めたり、飼い猫と遊んだりする。大学入試の数学や社会の問題を解いてみることもある。動物好き、入試問題好きの私にとっては、これが何よりの息抜きになる。

しかし、語学の習得には時間とお金がかかる。要するに語学は、趣味として楽しむには労力がかかり過ぎるため、有益なインプットに向けるべき時間やお金まで削ってしまう恐れがあるのだ。

海外旅行をする程度なら、ガイドブックに載っているレベルの会話文を直前に覚えるだけでも十分だ。それに今は、通訳アプリの精度もだいぶ上がってきている。仕事に直結しない語学を、時間とお金をかけて習得する意味合いは、ほとんど失われているといっていい。

語学を例に挙げたが、読者には、**どんなインプットにおいても、「仕事に直結する**

か」どうかという視点をつねにもつことをすすめる。

限りなく広がる好奇心は人間の原動力の1つだが、「仕事に関わるインプットしかしない」という割り切りも、インプットした情報を活かす力を効率的に高めていくためには必要なのである。

column
1

私がすすめる「高校の知識・教養学び直し」の本

教科書

『日本史Ａ』

『要説 世界史 世界史Ａ』（ともに山川出版社）

歴史の基礎と大まかな流れがわかる。出来事の羅列ではなく、解説もふんだんにされており、読み物として楽しみながら歴史の基礎知識が身につく。

『詳説 政治・経済研究』（山川出版社）

本書を読めば、国際政治・インテリジェンスをテーマとした一般書の理解度が飛躍的に高まる。

『日本史Ａ』（山川出版社）

『要説 世界史 世界史Ａ』（山川出版社）

『詳説 政治・経済研究』（山川出版社）

『長岡の教科書 数学Ｉ＋Ａ 全解説』（旺文社）

『長岡の教科書 数学Ⅰ＋A 全解説』（旺文社）

音声DVD−ROMがついていて数学に苦手意識がある人でも着実にマスターすることができる。

書籍

『試験に出る哲学』（斎藤哲也・NHK出版）

センター試験の「倫理」の出題をベースに、西洋哲学の概要を解説している。まず押さえておくべき流れと重要ポイントがイラストや図解とともに明解にされており、西洋哲学の入門書として最適。

『もういちど読む山川倫理』（山川出版社）

同出版社の教科書『現代の倫理（改訂版）』をもとに、一般読者向けに編まれている。

『生き抜くための中学数学』（芳沢光雄・日本図書センター）

『生き抜くための高校数学』（芳沢光雄・日本図書センター）

『もういちど読む山川倫理』（山川出版社）

『試験に出る哲学』（斎藤哲也・NHK出版）

『生き抜くための高校数学』
『生き抜くための中学数学』（ともに芳沢光雄・日本図書センター）

数学に苦手意識をもっている人でも最後までやり抜けると思えるくらい、非常にわかりやすく作られている。それでも高校数学が難しいという人は、中学数学から始めることだ。

『新しい高校物理の教科書』
『新しい高校化学の教科書』
『新しい高校生物の教科書』
『新しい高校地学の教科書』（すべて講談社）

大人の学び直しのために編集されたものであり、苦手意識をもつ人も多い理科4科目の基礎を、効率的に身につけられる作りになっている。

『新しい高校物理の教科書』（講談社）

『新しい高校化学の教科書』（講談社）

『新しい高校生物の教科書』（講談社）

『新しい高校地学の教科書』（講談社）

新聞を読む

――1カ月の主要ニュースがざっくりわかる『新聞ダイジェスト』

新聞は、もっとも信頼できる「二次資料」

日々「読むこと」の基本は、新聞で生の情報を調べることだ。

情報には、情報発信者のオリジナルである「一次資料」と、一次資料に編集や加工を加えた「二次資料」がある。たとえば政府のホームページに掲載されている白書などは一次資料だ。

私の場合は職業柄、政府が出した白書を読むことも多い。一次資料にあたるのがもっとも確実であるためだが、こうした資料を日ごろ読みなれていない読者にはハードルが高く感じられるだろう。

私は職業作家であり、時事問題について公(おおやけ)に発言することも多い。世間に対して「正しい情報」を伝える責任が大きいから、もっとも確実な一次資料にあたる必要がある。しかし、大半のビジネスパーソンには、そこまでのことは求められない。

新聞は、そんなビジネスパーソンのためにあるといえる。

料理でも、プロはカレーをスパイスから作るが、家庭では、プロが素人のために開発したカレールーを使うことが多いだろう。情報収集もこれと似たようなもので、一般の読者は「情報のプロ」の手を介したものを活用すればいいのだ。

たしかな情報収集には勤勉さが必要だが、できるショートカットはしないと時間がいくらあっても足りない。

政府の発表などを一次資料とすれば、新聞は、取り上げるべき一次資料を選別し、一般読者向けに噛み砕いて掲載している二次資料だ。ニュースの優先度としても、情報のプロがあらかじめふるいにかけてくれたものを読んだほうが、間違いなく効率的である。

新聞は、少なくとも2紙は講読したい。

新聞によって事実関係が違うというのはあり得ないが、同じニュースの扱い方には大小の差がある。さらに社説や解説欄は、いってみれば「新聞社の思想の表現場」であり、いっそう違いが明確に出る部分だ。

情報収集において、もっとも重要なのは、1つの見方・考え方に偏らないことである。そして偏らないためには、いろいろな見方・考え方に日々、触れることが重要である。

つまり複数の新聞を講読することには、ニュースの扱い方や社説、解説欄から、毎日、複数のものの見方・考え方に触れるという意味があるのだ。

その意味合いからすると、思想的に異なる新聞を講読することだ。2紙なら読売新聞と朝日新聞、朝日新聞と産経新聞、産経新聞と東京新聞という具合である。

『新聞ダイジェスト』で、各紙の要点を把握する

新聞は最低でも2紙購読したいところだが、どうしても時間的に難しい場合は、**『新聞ダイジェスト』**（新聞ダイジェスト社）の購読をすすめる。

『新聞ダイジェスト』とは、1カ月の間に新聞で報じられたニュースの要点をまとめた冊子である。これが、忙しいビジネスパーソンにとってはメリットが非常に多い。

『新聞ダイジェスト』は、1カ月の主要ニュースが1冊で網羅されている

まず、**主要テーマ別にまとめられているため、非常に手っ取り早く1カ月の世の中の動向がわかる。**各紙の「いいとこどり」がしてあり、事実関係が把握しやすい。情報の即時性はないが、事後的に、各トピックをどの新聞が、どういう報じ方をしていたのかを比較検証できる。

また、過去1カ月の主要トピックをいくつかピックアップし、各紙の「社説読み比べ」コーナーが設けられているのもいい。何紙も購読しなくても、各紙の論調の違いを大まかに把握できる。

ページ数としては週刊誌と同じくらいだが、情報の質・量ともに週刊誌をはるかに上回る。

定期購読なら、月に本体代金972円のみで送料はかからない。「新聞購読に加えてお金を払うのか」と思ったかもしれないが、多少はお金を払ったほうが情報は頭に入りやすい。

人間は生来ケチであり、なるべく何でもタダで得たいと考えているものだ。

だが、タダのものは、何か労力をかけて得たものではないだけに無駄になりやすい。お金を払ったものなら「元をとらねば」という考えが働いて、欠かさず目を通す気になる。

ちなみに、同じく有料といっても、有料の新聞記事クリッピングサービスは、私はあまりおすすめしない。

なぜなら、**ニュースは日々移り変わっており、すべてのプロセスを把握せずとも「結果」だけ知っていればいい事柄も多い**からだ。お金を払って毎日クリッピングしてもらったものを、細かい経緯も含めてすべて読まなくてはならないのは、時間の浪費に他ならない。

それよりも『新聞ダイジェスト』で「1カ月分のまとめ」を読んでしまったほうが情報収集にかける時間を短縮できるし、まとまっている分記憶にも残りやすい。

といっても『新聞ダイジェスト』さえ読めばいいという話ではなく、一般紙を1紙くらいは購読したいものだ。毎日、1紙には目を通し、月に一度、『新聞ダイジェスト』で1カ月のまとめを読む。これを、新聞を読む最低ラインとすることである。

ＮＨＫ ＮＥＷＳ ＷＥＢを常時ブラウザ表示して短時間で読む

生の情報は、基本的に新聞で得る。その補助として活用するといいのは、実はＮＨＫだ。公共放送だけあってきっちりニュースを報じている。

ただしテレビは、漫然と見ているとあっという間に時間が経ってしまう「時食い虫」だから、私がおすすめしたいのはＮＨＫのウェブニュースとラジオニュースだ。

たとえば**「ＮＨＫ ＮＥＷＳ ＷＥＢ」をつねにブラウザに表示しておき、手が空いたときに目を通すというのも、効率的な生の情報収集法**である。もちろん無料で読める。

職場環境によっては、定時のラジオニュースを聴く習慣をつけるのもいい。

ＮＨＫでは毎時間00分ちょうどにニュースが流れる。高級官僚や、閣僚級の政治家は、車の移動中には必ず、このＮＨＫの定時ニュースを聴いている。

たとえば1時間ごとにタイマーをセットしておき、毎時間、ＮＨＫラジオニュースを聴くことを習慣化する。

デスクワークの人は、耳はラジオに向けながら、体はストレッチする習慣などを取り入れるといいだろう。近年、喫煙と同等の有害性が指摘されている「座りっぱなし」を解消することにもつながり、一石二鳥である。

ネットを活用する

——ソースはNHK NEWS WEB、新聞WEB版、ジャパンナレッジの3つに絞る

信頼できるソースを見抜くコツ

情報収集において、ネットは、使い方によっては鬼門となる。

いたずらに時間を費やし、誤情報やフェイクニュースに惑わされる危険を高めてしまうか、それとも効率的に有益な情報を引き出すツールとするか。後者をとるには、いくつか心得ておくべきことがある。

まず基本として、ネットでの情報収集は、**「NHK NEWS WEB」、新聞のウェブ版、**オンライン辞典・辞書サイトである**「ジャパンナレッジ」**などたしかな辞書・事典検索サイト、この3種類に絞ることだ。

「ジャパンナレッジ」では、小学館の『日本大百科全書（ニッポニカ）』や平凡社の『改訂新版　世界大百科事典』をはじめ、約50種類もの百科事典や辞典、叢書（そうしょ）、雑誌を

横断検索できる。PC版とスマホ版があるので、ビジネスパーソンにとっては使いやすいだろう。

私にも経験があるが、**先ほど述べたテレビと同様、ネットも、制限時間を設けないと、どんどん時間を浪費してしまう「時食い虫」**だ。ネットを使った情報収集は先に挙げた3つに限定しておけば、ネットサーフィンの誘惑にも負けないし、事実誤認に基づく解説やフェイクニュースに引っかかる心配もなくなる。

「ジャパンナレッジ」

出所：https://japanknowledge.com/

ものを調べる際、Googleなどでキーワード検索する人は多いだろう。キーワードを打ち込んでエンターキーを押せば、一瞬で検索結果が表示される。スピーディな情報収集法と感じるのも無理はない。

しかし**キーワード検索は、実は調べ物の方法としては非常に非効率**なのだ。

一番の理由は、先ほども述べたとおり、ウェブ上の情報は玉石混淆が過ぎる、つまり「ノイズ」が多いためである。

パッと目についた検索結果が、誤情報ではない保証はない。かといって一気に表示された検索結果から、誤情報などのノイズをはじきながら有益な情報を引き出すのは至難の技だ。

ネット検索がスピーディなのは、入手できる情報の質を度外視した場合においてのみだ。もちろん、それは許されることではない。質を確保するとなると、ネット検索ほど非効率な調べ方はないのである。

また、辞書サイトとしては、無料の「ウィキペディア」がお馴染みだろう。たしかに幅広い事柄がカバーされており、解説も豊富だ。一応は出典が示されている記述も多く、内容を向上させるための議論を目的とした「ノート」欄も設けられている。

つまり**「ウィキペディア」は一見、しっかりした辞書サイトなのだが、やはり無料ツールは無料なりのレベルにとどまると見たほうがいい。**実際、いい加減なものや偏った内容の記述も多い。

私は、自分の専門分野については、世の中に出ている情報をできるだけ多く把握するため、Google の検索結果から「ウィキペディア」まで幅広く参照する。いずれも誤情報はあるが、専門分野のことならば見抜ける。

しかし、自分の専門外となれば話は別だ。明るくない分野は、誤情報かどうかを判別しにくい。ヘタに Google 検索やウィキペディアに頼ったりすれば、誤った理解をしかねない。

そこで参照するのが**「ジャパンナレッジ」**だ。

専門でない事柄について書く際には、必ず「ジャパンナレッジ」で事実関係を確認し、自分で自分の原稿を校閲しながら書いている。情報の更新も遅れておらず、今のところもっとも安心して使える辞典・事典検索サイトといえる。

「ジャパンナレッジ」は有料会員制だが、辞書的な理解は、すべての理解の土台となる重要なものだ。いい加減な土台を作れば、その上に築く建物も危うい。辞書的な理解が怪しければ、その理解に基づくアウトプットも怪しい出来になりかねない。知的生産力を高めるには、こういうところでケチらないことだ。

独学術としてのネット活用法

前項で挙げた3つ、「NHK NEWS WEB」、新聞のウェブ版、「ジャパンナレッジ」に加えて、ビジネスパーソンの独学に役立つネットツールもある。

なかでもおすすめなのは**「iTunes U」**と**「スタディサプリ」**だ。

「iTunes U」では、日本の初等教育から大学、海外の大学などの授業を無料で視聴できる。ハーバードやスタンフォード、イエール、ケンブリッジといった欧米の一流大学の講義を視聴することも可能だ。一部、有名な講義には日本語字幕を表示させることもできる。

Apple製品には、デフォルトで「iTunes U」のアプリが入っている。Appleユーザーの読者は、試しに講義一覧を見てみてほしい。バリエーション豊かで驚くはずだ。

ただし「iTunes U」はAppleユーザーのみが使用可能であり、講義によっては外国語が障壁になる。

一方、**「スタディサプリ」は有料だが、誰でも使える。非常にコストパフォーマンスに優れた学習コンテンツとなっており、とくにすすめたい。**

「スタディサプリ」では、小学校4年生から高校3年生までの学習範囲が網羅されている。

小学4年生といって侮ってはいけない。一般的に、親が予習なしで子どもの勉強に関する質問に答えられるのは、せいぜい小学2〜3年生くらいまでだろう。教科書を読んでみると、小学校4年生のものですら意外と難しいのだが、「スタディサプリ」では、それが非常にわかりやすく動画でまとめられている。

つまり、小学校4年生からカバーされているといっても、「スタディサプリ」が役立つのは現役小中高生に対してだけではない。社会人になってからの学び直しにも、有効なのだ。

私も、今までに数学、歴史、倫理、政治・経済、英語、漢文、小論文、生物、化学などの授業を視聴した。専門分野に近い歴史なども視聴しているのは、大学生に教える際の参考になるからだ。大学生に、「スタディサプリ」を使って数学などを学び直すようにすすめることも多い。

「スタディサプリ」の授業を受け持っているのは、優秀な塾・予備校講師である。学校の教師と違って、塾や予備校は講師同士の競争が激しい。**「スタディサプリ」で講師を務めている人は、すなわち講師のマーケットで「勝ち残っている」人**であり、内容の質の高さはもちろん、わかりやすさにおいても信頼できる。

読者にとっては、学ぶ楽しみを思い出す、いい機会にもなるだろう。

このように**「勉強するならこのツール」と、1つでも信頼できるツールをもっておくと、いざ勉強しようというときに参考書を求めてさまよわずに済む。**スマホやタブレットでも視聴できるため、通勤時間などを有効利用できる。

心強いネットツールは、学習にかける時間の節約にもつながるのだ。

「何を読むか」より「何を読まないか」

ネット上にリリースされている情報は無限大ともいえ、書籍以上に、「何を読むか」を選別する裏側には、数多の「何を読まないか」の取捨選択がある。

では「何を読まないか」といえば、ネットニュースである。

たとえば、「Yahoo! ニュース」などのニュースサイトは、タダで新聞記事などが読める点でおトクに思えるかもしれない。しかし媒体の垣根を越え、記事が雑然と羅列されている時点で、きわめて非効率的だ。

というのも、**ニュースサイトは、あらゆるメディアの記事の羅列と化していることで、「情報のプロ」たる記者が関わっているという新聞のメリットが、ほぼ失われてしまっている**からだ。

新聞ごとに、あらかじめ選別されたニュースを読むという効率性や、ニュースの扱われ方から重要性を測れるという有用性は、ウェブだろうと紙だろうと、実際に、その新聞の「紙面」を読んでこそ得られるメリットなのである。

また、**ネット系メディアに頼るほど、フェイクニュースに引っかかる危険も高くなる。**なかには独自に取材して記事を掲載しているネット系メディアもあるが、まだまだ信ぴょう性においては疑わしい。

ここにも、ネット上にある情報は玉石混淆というべき理由がある。あるキュレーションサイトが、まったく科学的根拠のない健康情報を多く掲載していたとして問題になったのも、記憶に新しいところだろう。

しかも、ネット系メディアの収入源は企業の広告費であり、アクセス数を稼ぐために、どうしても見出しが過激になりがちである。見出しだけを流し読みしてわかったつもりになっていては、世の中を大きく見誤ることになってしまう。

さらにもう1点、**ネットには、過去の閲覧・検索履歴によって、自分の目に触れる情報が機械的に選別されるという側面もある。**

たとえば、私が「猫」に関するニュースを閲覧したら、「あなたは猫に興味があるんですね」とばかりに、猫関連の情報が優先的に表示されるという具合だ。読者も、ニュースのポータルサイトなどで「あなたにおすすめの記事」といった文言を目にしたことがあるだろう。

自分が興味関心を寄せている事柄の情報が、向こうから勝手に飛び込んでくる。これは、機械学習の技術の大きなメリットとされている。たしかに、そうとらえれば効率的ともいえるが、一方で、自分の興味関心にしたがって情報が機械的に選別されてしまうことで、視野が狭くなってしまう危険性もある。

情報を広く見渡す「概観性」が失われ、世の中で起こっていることや、さまざまな見方・考え方を満遍なく把握できなくなるという意味では、大きなデメリットといったほうがいいだろう。

ネットには膨大な情報があふれているため、ネットを使うと視野が広がると思いがちだが、かえって視野は狭くなりがちなのだ。

「猫」の情報に偏るくらいならまだいい。しかし、総じて「自分が知りたいことだけを知る」という状況は、過激な考え方や偏見のもとにもなりかねないのである。
ネットのヘビーユーザーであるほど、根も葉もない陰謀論にハマりやすかったり、特定の集団に対する差別意識が強かったりするのも、こうしたネットの特性ゆえのことだろう。

このように、情報の質が玉石混淆であること、情報収集法としては非常に非効率であることに加えて、目にする情報が偏ってしまうという点でも、**ネットニュースは「読まない」ことが得策**である。

SNSと賢く付き合う
——思考力低下を招く、「メッセージツール」に要注意

使うかどうかで、「生涯所得」と「出世」に関わる

今やSNSを使っていない人のほうが珍しいくらいかもしれないが、知的かつ充実した人生を送りたいのなら、すぐにでもやめたほうがいい。

「日に1時間まで」などと決めればいいという人もいるが、おそらく時間制限を設けても、形骸化してしまうのが関の山だ。

なぜならば、SNSは始めたら最後、どんどん時間を費やしてしまうものだからである。この中毒性ゆえに、全世界でこれほど広まっているのだろう。

だが、冷静になって考えてみてほしい。誰がどこで何をしたか、何を食べたか、そんな情報を、常時、本当に得たいだろうか。

時間は有限であり、しかもすべての人に平等に与えられている。その限られた時間を、インプットやアウトプット、あるいは楽しみや休養（楽しみ方、休み方は後述する）のために使うのと、どうでもいい情報を得るのに使うのとでは、知的生産力に格段の差が出る。

どれくらいの差かといえば、**SNSを使うか、使わないかで、生涯所得と出世が左右される**、そういってても過言ではないほどの差である。そう聞けば、少し考えが変わるのではないか。

「メッセージツール」は使ってはいけない

SNSと並んで、あまり使わないようにしたいのは、フェイスブックのメッセンジャーや、ラインなどのメッセージツールだ。

一番いいのは、仕事用のPCメールを使うことだが、最近は、仕事上の連絡までメッセンジャーやラインで行う人が多い。相手あってのことだから、あくまで「仕事用」と割り切って使うのは仕方ない。

しかし、注意したいのは、メッセンジャーやラインといった手軽なメッセージツールだと、重要度の低いやりとりをする機会が増えてしまうことと、使う言語が話し言葉になってしまうことだ。

仕事上の人間関係であっても、メッセージツールでやりとりしているうちに、仕事と無関係のことまで送り合うようになりやすい。仕事相手と親睦が深まっている証だからいいことだと思えるかもしれないが、それはまったく話が別だ。

問題は、やはり時間の浪費である。たとえば、仕事中、思考中に、メッセンジャーやラインで、次々と仕事とは関係のないことが送られてくる。そのたびに自分の仕事や思考が中断される。さらには、読んだら即レスするのが、こうしたメッセージツールの掟と見なされているので、たびたび返信の手間も割かねばならない。

こうしたツールにすでに慣れている人にとっては、すべて一瞬のことで気にならないのかもしれない。しかし、**自分の貴重な時間を分断され、一瞬の無駄を積み重ねてしまっていることに無自覚でいるとしたら、問題**だ。

たびたび送られてくるメッセージに自分の時間をかく乱されて、何かに腰を据えて取り組む、何かに思索を巡らすのが困難になることは、知的生産力の低下を意味する。

今後、こうした弊害が生じないようにしていくために、**日中はメッセージやラインの通知機能をオフにしておくといい。**

そして午前中の数分間と、夜、寝る前の数分間にでもアプリを開いて、届いているものをまとめて処理すればいい。即時性、随時性という、メッセージツールの最大のメリットとされているところを、なしにしてしまうのである。

そんなことをしたら、相手に失礼だと思っただろうか。しかし、PCメールならば、半日くらい返信しなくても基本的には差し支えない。要するに、自分の印象を、「メッセンジャーやラインで送っても、PCメールと同じくらいのタイミングで返信がくる人」へ、意図的に変えていけばいいのだ。

こうしてメッセージツールを使う機会を減らしていけば、もう1つ注意点として指摘した話し言葉というのも解消できる。

送られてきた文面を読むにせよ、自分が文面を送信するにせよ、書き言葉が話し言葉に取って代わられるにつれて、実は本や新聞を読み解く力が低下していく。音声入力で文面を作成するようになったら、なおのことだ。

加えて、スタンプを多用する弊害も大きい。そのつど自分の力で考えて表現するのではなく、「こういうときは、このスタンプ」という、一種のパターン思考に陥ってしまうからだ。

パターン思考とは、言い換えれば、型にはまった考え方だ。一定の型、つまり最低限のマニュアルのなかでしか考えられなくなり、前述した「人間の領分である非合理性」への理解力、対応力が低下する。

要するに、自分の頭で考え、アウトプットする力が損なわれていくのだ。

すでに述べてきたように、読解力は、知的生産力のもっとも重要な土台である。

読解力が低下すれば、そこからじわじわと派生するようにして、思考力やアウトプット力も下がっていく。

今さら使い方や頻度を変えるのは難しいかもしれない。でも、何より大切な自分の将来のために、SNSとメッセージツールは、使うとしても仕事用として限定し、それも最低限に抑えられるよう、自分でコントロールすることだ。

column
2

私がすすめる独学アプリ

「iTunes U」

日本の初等教育から大学、海外の一流大学などの講義を無料で視聴できる。

「スタディサプリ」

小学校4年生から高校3年生までの学習範囲をカバー。優秀な講師陣による質の高い、わかりやすい授業を視聴できる。小学講座、中学講座、高校講座、大学受験講座など講座別に980円／月。

「スタディサプリ」

出所：https://studysapuri.jp/

「iTunes U」

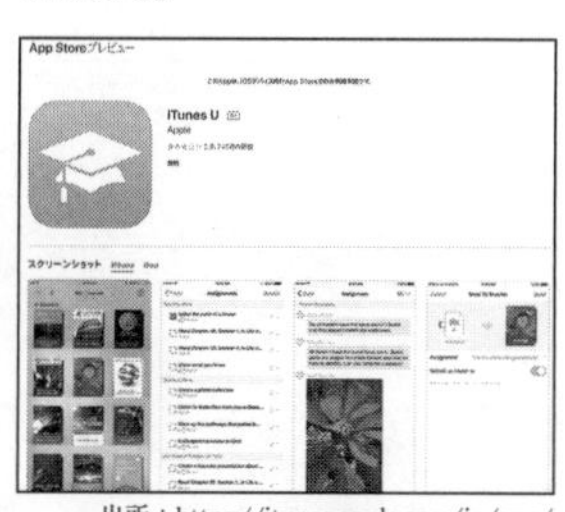

出所：https://itunes.apple.com/jp/app/itunes-u/id490217893?mt=8

第3章

【アウトプット】読んだ知識を表現につなげるスキル

ノート・手帳に書く

——手書きノートは「1冊」に、2年手帳は予定管理の最強ツール

すべての情報を「1冊のノート」にまとめる

基礎的な知識・教養を身につけるために、どのようなことを学べばよいかは、前章で説明した。

そのうえで**必要なのは、新しく触れた知識を、自分のものにすること**だ。また、能率を上げるには、知識を含む「情報」を適切に整理しておくことも求められる。これらができた上でアウトプットするというプロセスは、質が高く、効率的に成り立っていく。

まず、私自身が実践している整理の技法を説明していこう。

私がすすめる情報整理法は、「手書き」が基本である。

使うノートは「1冊」だけだ。スケジュールをはじめ、今日やるべき仕事のリスト、日誌、執筆のためのアイデア、さらには読んだ本の抜粋や、ロシア語の練習問題まで、

あらゆることを記している。

情報はEvernoteやDropboxに保存しているという読者も多いと思う。

私も、名刺や原稿の保存には、こうしたデジタルツールを使っている。しかし、**デジタルツールの難点は、注意しないと、整理どころか混沌とした「情報のゴミ箱」と化してしまう**ことである。

デジタルツールは、きわめて手軽に情報を保存することができ、しかも物理的な限界を心配しなくていい。たいていはワンタップ、ワンクリックで、即座に情報を、ほぼ無限大にため込める。それがデジタルツールの売りなのだが、実は情報の整理法としては、それこそが難点となる。

手軽で上限がないからこそ、後で使うかどうかわからないものまで、「念のため」という気分で保存してしまう。結果、使わない情報だらけのゴミ箱になってしまうのである。

一方、ノートに手書きするのは手間ではあるものの、記される情報は、自ずと選別される。

そして、**すべての情報を1冊に集約させておけば、過去に記した情報を参照したいときも、その1冊をパラパラと繰るだけ**で済む。

「ここになければ、どこにも記録していない」とわかっているから、「どこに書いたっけ?」などと、あちこち探す必要がない。手間も時間もかけず、きわめて効率的に求める情報にたどり着けるのだ。

「今日あったこと」を書き出す

ノートにはあらゆる情報を記しているが、そのなかでもメインとなっているのは、**「日誌」**だ。

今日一日、何をしたか、誰と会って何を話したか、どこに行ったかなど、今日あったことを記している。

そんなことに何の意味があるのかと思ったかもしれないが、日誌をつけることには、主に2つのメリットがある。

1つめは、一日を振り返ることが、日々の仕事の効率アップにつながる点だ。

試しに、今日あったことを書き出してみてほしい。すると、今日やらなくてもいいことに時間を費やしていたり、非効率に時間を使っていたりと、今後の改善点が見つかるものである。

日々、仕事に追われていると、気になるのは明日のことばかりだろう。たしかに明日の計画も大事だが、一方で、実際にどう時間を使ったのかについて意識的に「振り返り」もしないと、仕事の時間効率は上がりにくい。

頭で思い出すだけでは不十分だ。どんな無駄があるか、どこを改善できるかは、可視化することで見えてくることが多々ある。やはりノートに、今日あったことを記すのが一番だ。

また、**行動の記録が「記憶のトリガー」になることも多い。**これが2つめのメリットである。

たとえば、今やっている仕事に役立てるために、過去に聞いた情報をもっと深く知りたいが、誰から聞いたか忘れてしまったとする。そこで日誌を繰ってみれば「そうだ、この人に聞いたんだった」という具合に情報源にたどり着ける。さっそくアポを入れて、望む情報を得ることもできる。

新しい知識は、書いて自分のものにする

知識は、自分のものとして初めて価値あるものになる。

「知識を自分のものにする」とは、知識を記憶にしっかり定着させ、必要なときに正しく引き出せるということだ。これができなくては、いくら本を読んでも時間を浪費しただけになってしまう。

新しく知ったことを自分のものとするには、私の場合、ノートに手書きで記すというのが、もっともシンプルで実践しやすく、確実だ。たとえ自分の不得意な分野のことでも、「記す」という行為を介することで、格段に効率よく知識を自分のものにできる。

読書の際に記すポイントは、「本の抜き書き」と「それに対する自分のコメント」の2つだ。

まず、本の内容を自分の言葉に置き換えたりせず、そのまま抜き書きをする。基本的には「自分がとくに重要だと思った箇所」、これに加えて1～2箇所、「現時点では理解できないが、重要だと思われるところ」も抜き書きしておく。理解できないところも抜き書きするのは、将来的に、もっと知識が身について理解できる余地を残すためだ。そもそも100％理解できる本は、自分にとって新しい内容がないも同然であり、読んでもあまり意味がない。

同時に、抜き書きごとに自分のコメントも記していく。

コメントというと難しく聞こえるかもしれないが、「わかった」「わからない」といった「判断」でかまわない。論評など筆者の意見が表れるものを読んだ際には、「賛成」「反対」「ここがおかしい」といった「意見」も書き込めるようになると、理想的だ。

本の抜き書きに使うのは、前項で挙げた1冊のノートである。ノートに手書きで記すごとに、正しい知識が脳に書き込まれるとイメージしてほしい。もちろん、抜き書きをすべて記憶することはできないが、**重要な箇所を選び、手を動かして記すことで、知識の記憶への定着率は確実に上がる。**

読んで理解したことでも、そのまま放っておいたら、すぐに忘れてしまう。ただ、内容は忘れても、「その知識に触れた」という記憶は残る。

すると、なまじ一度は理解したばかりに、次に同じ知識に接したときに「すでに知っていることだ」と思って通り過ぎてしまう可能性が高い。こうして「わかったつもりでわかっていないこと」が増えていき、実践につながらない中途半端な知識しかもてないことになってしまう。

「わかっているつもり」では応用がきかず、その知識をベースとして別のことを理解したり、その知識を使ってアウトプットしたりすることができない。だからこそ、1冊読むごとに、ノートをとることが重要だ。

当然、1冊にかける時間が多くなり、読める冊数は少なくなる。

しかし、1カ月に10冊の本を読み流して「わかったつもり」になるのと、1冊についてしっかり読書ノートをとるのとでは、後者のほうが、はるかに知的生産力は高まる。**知的生産力を高めるには本をたくさん読むことだが、焦りは禁物**だ。

「記録」はノート、「予定」は手帳に書く

私は、スケジュール管理において、「1カ月につき見開き2ページ」という定型を設けている。

見開きの左側には原稿の締め切り、右側にはアポの予定。こうしておけば、締め切りを見ながらアポを入れることができ、執筆に集中しなくてはいけないタイミングにアポを入れてしまうといった混乱を避けられる。

ノートは1カ月に1～2冊のペースで使い切っているが、見開きのスケジュール管理のページは、前もって4カ月分を設けておく。

1～2カ月分だけでは直近過ぎるし、1年分では長過ぎる。4カ月分ならば、適度に先を見据えてスケジュール管理ができる。ただし、これは各々の仕事の内容にもよるだろう。ちょうどいい加減を自分で探ってみることだ。

このように**ノートに記すのは、「記録」としてのスケジュール**である。

私は、**スケジュールを「記録」と「予定」の2つの要素に分け、後者は手帳に書き込んでいる**のだ。

なぜ、こんな使い分けをしているのか。

たとえば、Aさんとのアポが先方の都合でキャンセルされたとする。当然、そのアポは自分の予定から削除することになるが、「この日に、Aさんと会うはずだった」という記録は残しておきたい。先々、その情報を参照することがあるかもしれないからだ。

しかし、この記録を予定と同じ場所に記していたら、「なくなったアポ」と「生きているアポ」が混ざってしまい、わかりにくい。

だから、「アポがあった」という記録はノートに残し、手帳の上では、そのアポを消す。こうして記録を残す場所と、予定を記す場所を分けることで、予定が記録に埋もれてしまうなどといった事態を防止できるのだ。

ちなみに私は、**2年手帳**を毎年使っている。

1年手帳にも翌年3月くらいまでは入っているが、1年も後半に入ると、翌年の後半に予定が入ることがある。

そこで、たとえば2019年には**「2019年・2020年」の手帳を使い、2020年には「2020年・2021年」の手帳を使う具合にしていけば、つねに翌年後半にも予定を書き込める。**

考える・発想する
――批判的思考を磨く「参照不可」で書く力

「2020年型入試世代」に負けない思考力の高め方

私が今、知的生産力を高める必要性が高まっていると述べていることには、2020年に大学入試制度が改変されることも背景にある。

本書の読者のうち、マークシート式の試験を受けた経験がある人も多いと思う。マークシート式だと、問題を解けなくても、適当にマークして点数をとれる可能性がある。もちろん、学力がついている人はマークシート式でも記述式でも高得点をとることができる。いずれにせよ導入で受験勉強のあり方まで大きく変わってしまった。

自分で考えて問題を解く力をつけるというよりも、「選択式回答で正答率を高めるための傾向と対策」といった、いびつなものになってしまったのだ。いわば、内容を完全に理解していなくても、解答のパターンを暗記することによって点数をとれた者勝ち、というわけである。

そのうえ、国公立大学に関しては、学力的な面は大学センター試験でふるいにかけられている、という前提のもと、個々の大学が行う二次試験は、小論文や面接といった簡易なものが主流になった。

総じて、**基礎学力が十分ではないまま、要領よく入試を乗り越え、大学時代を過ごし、そして社会に出ている人が多いというのが、残念ながら現状**なのである。厳しい見方かもしれないが、事実、基礎学力に自信のない社会人は多いはずだ。

さて、問題はここからである。2020年度の改定により、入試の形式はかなり変わる。

ひとことでいえば、「自分で考えて答えを導き出す力」が問われるものになるだろう。

そして、今からほんの5年後以降には、そんな2020型入試を経た、基礎学力の高い学生が社会に出てくることになる。

すでに説明したとおり、高校の教科書レベルの基礎的な知識・教養は、知的生産の重要な土台だ。

したがって、2020年型入試の経験者は、おそらく、基礎的な知識・教養をもとにものを理解し、考え、そしてアウトプットするという能力がすでに養われた状態で、社会に出てくる可能性が高い。つまり知的生産力において、彼らが1979年型入試の経験者を凌駕してしまうことも考えられる。年の功や実社会での経験値だけで対抗するのは心もとない。

私は、危機感を煽って何かをすすめることをあまり好まない。しかし**冷静な未来予測として、基礎知識・教養、さらには「考える力」の有無が、今後ますます格差の源泉となっていくだろう。**

考えるべきは、これからの時代に、いかに知的生産力を高めるかのみではない。近い将来には、人間同士の、さらに高度な競争が待ち受けている可能性がある。

今後、新しい世代が社会に出てきても自信をもって仕事を続けられるよう、今からでも勉強し、新聞や本をしっかり読むこと、そして自分の頭で考える力を磨き、知的生産力を高めていくことが重要なのである。

「話す」より「書く」が効果的な理由

近年、主にネット上でフェイクニュースが多く出回っている。情報源も検証方法も怪しく、到底まともな報道とはいえないが、フェイクニュースがなくならないのは、それだけ信じる人が多いということだ。

そのもっとも根本的な原因は、ニュースを受け取る側に、自分で考える力が欠けていることだ。

自分の頭で考えられないから、信ぴょう性に乏しいニュースでも信じてしまう。しかも、考える力がなければないほど、センセーショナルな見出しや内容に踊らされやすく、陰謀論のような極端なものを真に受けがちだ。

「自分は違う」と思った読者は多いかもしれない。しかし、鵜呑みにしてはいけないものは、何も極端なフェイクニュースだけではない。**日ごろから、情報を鵜呑みにせ**

ず、自分の頭で考える力は養っておいたほうがいい。

それが結果的に、知的生産力を上げることにもつながる。なぜなら、考えるという作業は、インプットにもアウトプットにも欠かせないからだ。

読む、聞く、理解する、発想する、創造する、形にする……情報を活用するプロセスはすべて、考えることなしでは成り立たない。

では**「自分の頭で考える」とは、どういうことか。それは「批判的思考力」をもって物事を見ることである。**そして批判的思考力とは、対象を理解し、自分の評価を加える能力を指す。

新聞を読む、本を読む。そこに書かれていることを理解し、「賛成」「反対」「この点は違うと思う」など、自分の評価を加える。こうした能力を磨いてこそ、良質なアウトプットができるようになる。

実はすでに、批判的思考力の訓練となる方法は紹介してある。すなわち読書ノートをつけることだ。

本の抜き書きだけではなく、「わかった」「わからない」といった判断や、「賛成」「反対」「ここがおかしい」といった意見も書き記す。この場数を踏むことで、批判的思考力も自然と鍛えられる。

また、**あるテーマについて自分なりにまとめてみるのもいい。「話す」より「書く」こと。それも「参照不可」で書いてみること**だ。

私も大学では、参照可と合わせて参照不可の筆記試験をよく実施する。学生の知識や考える力の度合いを判定するには、参照不可で書かせてみる。レポートの課題で論理の矛盾や破綻が見られた場合には、私から指摘をした上で出し直しをさせることもある。

本やネットなど、外部の情報をいっさい参照せず、純粋に自分の頭のなかに定着している材料だけで考えをまとめてみる。すると、知識が抜けているところや、自分の考えが甘いところが浮かび上がってくる。

できれば、書いた内容に関する知見の豊かな人に読んでもらい、コメントを得ることをすすめたい。仕事に関するものならば、元上司など、直接の上下関係がない人にお願いするといいだろう。

あるテーマについての文章を、参照不可で書いてみることは、いってみれば、自分で自分に課す筆記試験だ。これを繰り返すことで、知識量も批判的思考力も底上げされていく。

各紙の報道の違いに注目して「複眼思考」を磨く

批判的思考力を高めるには、つねに複数の考え方に触れることも重要である。

情報を鵜呑みにしがちな人は、おそらく情報源そのものが少ないはずだ。メディアは何であれ、つねに1つの情報源の発信にしか触れていないと、次第に無批判になっていく。自分の頭で考えなくなり、そこで言われていることを鵜呑みにしやすくなる。

新聞は複数紙、それも思想的土台の異なるものを購読したほうがいいということは、前章でも述べた。**批判的思考力を高めるなら、新聞をただ単に併読するのではなく、**

同じニュースでも、各紙によって報道の切り口が異なる

露もINF条約離脱
プーチン氏表明　米に対抗措置意向

ミサイル競争 引き金
INF条約 米離脱宣言
ロシアも対抗 履行停止
新型開発を承認 欧州へ警戒心

「読売新聞」　「読売新聞」2019年2月3日
写真：AP/アフロ

「朝日新聞」　「朝日新聞」2019年2月3日

「何が違うのか」と考えてみることだ。

新聞社には「編集権」がある。まずどのニュースを報道するかを取捨選択し、選んだニュースについて、各社の方針にしたがってまとめているのだ。つまり新聞の論調の違いは、新聞社が独自に、ニュースの「選び方」と「報じ方」を決められるという編集権によって生まれる。

もちろん事実を曲げてはならないため、報じられる事実は新聞によって違わない。ただ、物事は切り口によって見え方が変わる。

同じ事実を報じていても、その事実のどこに着目しているかで、新聞によって論調が異なる場合も少なくない。前章でも述べたように、社説や解説欄は、そうした違いがはっきりと表れる。

そのうえ、報道するニュースを選ぶという面でも、近年は違いが際立つようになってきた。慰安婦問題、歴史認識問題に加えて、東日本大震災以降は原発問題などでも、取り上げるニュースそのものが新聞社によって、違いが出てくる。

せっかく複数の新聞を読むのなら、こうした点で「何が違うのか」と考えてみることだ。これは2紙程度の併読でも十分できるし、もっといえば『新聞ダイジェスト』でもある程度は可能である。

「片方では報じられているニュースが、もう片方では報じられていない」「片方では肯定的に報じられているのに、もう片方では否定的に報じられている」など、**今後はニュースの「選び方」「報じ方」にも注目して新聞を読み比べる**。

報じ方の違いまで、じっくりと考える時間がとれない場合は、まず見出しを見比べて「選び方」の違いを考えてみることから始めてもいいだろう。

新聞のみならず、実際にいろいろな人の意見を聞くことでも、複数の考えに触れることはできる。とにかく1つの考え方を絶対と思わず、一歩引いた視点をもちながら、いろいろな着眼点や考え方に触れることだ。

このように、つねに複数の意見に触れることで、何か1つの情報源や意見に依拠することなく、比較検討しながら、自分の考えを深められるようになる。

スケジュールを管理する

――年単位の予定は、「1カ月」「1週間」単位に区切る

制限時間内にできる自分のキャパシティを把握する

どんな仕事にも期限はつきものである。

作家なら締め切りまでに原稿を書く。営業職なら商談までにプレゼン資料をまとめる。企画職なら会議までに企画書を作る。

つまり期限までに、しかるべき情報を集め、自分で加工し、アウトプットする。仕事内容は異なっても、アウトプットは時間との勝負という点では変わらない。

私も外務省にいたころは、つねに厳しい締め切りに追われていた。

役人の世界は、「期限に間に合いませんでした」は絶対に許されない。たとえば国会答弁なら、何をもってしても期限どおりに想定問答集や資料を準備しなくては、国会審議がストップしてしまう。

役人時代に「締め切り厳守」の性分を徹底的に叩き込まれたため、作家となった今も、締め切りは絶対に守っている。

なぜ締め切りを守れるのかというと、こなせる仕事量を自分自身で把握しているからだ。引き受けるコラムの執筆は月に約90本。本当は100本くらいまで可能なのだが、今は大学の講義や高校の授業に充てるために、「90本まで」と決めている。

時間は有限であり、そのなかで知的生産力を高め、人生を充実させていくには、適切に時間管理することも欠かせないのである。

そこで読者にも、まずは自分がどれくらいの時間で、どれくらいの仕事をこなせるのかを把握しておくことをすすめる。

一定時間内にこなせる仕事量は人それぞれだ。これは10年ほども仕事をしてきていれば何となく把握できているはずだが、意外とわかっていない人も多い。ならば、1週間程度の期間を定めて、自分を観察してみることだ。

たとえば、営業職なら1週間でどれくらいの顧客を回れるか。企画職なら、1週間に企画書をいくつ作成できるか。あるいは原稿を書く仕事なら、1週間で何ページくらいかけるか。

このように、**一定期間内に自分がこなせる仕事量を「計量」してみる**のである。

あるいは、ひたすら読書をする日を設けて、自分の集中力が、どれくらい続くか測ってみるのもいいだろう。

集中して本を読めたのが4時間だったとしたら、仕事においても、4時間が自分の集中力の限界ということだ。それ以上、集中しようとしても能率は下がるだけである。

これも、自分のキャパシティを把握する一環である。


こうして**自分がこなせる仕事量を把握したら、行きあたりばったりで仕事をするのではなく、自分の能率を踏まえた上で仕事の計画を立てる**ようにする。

そうしなくては、自分のキャパシティ以上の仕事をこなそうとがんばりすぎたり、そもそも無理だった計画を遂行できないことで「自分はダメなんだ」と落ち込んだりして、心身を壊してしまう恐れがある。

まさに18～19ページで述べた、ワーカホリック型からバーンアウト型への移行である。

仕事には、「能力の問題」と「やる気の問題」がある。やる気の問題は、その時々の気持ちのもちようで解決できるが、能力の問題は解決しにくい。スキルを積み上げることで、徐々に解決されるものもあるが、自分に適性がないものはスキルが身につかないのだ。

したがって、**今の能力以上のことは自分に課さないことが重要**だ。もし上司などから課されそうになったら「できない」と表明することも、場合によっては必要である。1つ目安を示すとしたら、2時間程度の残業をしてもできない量は、無理してこなすべきではない。

もし**チャレンジするなら、目安は、時間的、あるいは仕事量的に自分のキャパシティの「2割増し」**を目指す。

今まで8時間労働だった人は9・5時間労働にしてみる、または8時間のなかで2割増の量の仕事をこなせるよう、少しがんばってみるといいだろう。

「そういわれても、上司に振られた仕事は全部こなさなくてはいけない」「課されたノルマは達成しなくてはいけない」――そんな声が聞こえてくることもあるだろうが、考えてみてほしい。

自分自身にとってだけでなく、上司や会社にとっても、バーンアウト型に陥るのは避けなければならない。

上司にとってもっとも困るのは、部下が、できないことを「できない」と言わずに一人で抱え込み、揚げ句の果てに一番大事なところで倒れてしまうことである。「今の自分には、これ以上はできません」と言うのは、決して恥ずかしいことではない。「こんなこともできないのか」と言われるかもしれないが、できないものはできないし、無理をすればバーンアウトする危険もある。勇気がいるかもしれないが、ここは開き直りが必要だ。

早めに表明してしまえば、その定量の仕事しか指示されなくなる。その仕事をこなしながら成長していければ、会社への貢献度は自ずと上がる。つまりこれは、自分と会社の双方にとってメリットになることなのだと考えてほしい。

大事なのは、自分のキャパシティを把握し、軽すぎず重すぎず、ちょうどいい負荷のなかで仕事をすること。自分のキャパシティに収まるよう仕事の計画を立てることで、プライベートの時間も確保することだ。

知的生産力は、これからどんどん大事になっていく能力だが、そのために自分が潰れてしまっては本末転倒だ。だから仕事にかかる時間的負荷、質的負荷を、できる限り自分でコントロールする。知的生産力だけではなく、人生全体の充実度とは、こうして上げていくものでもあるのだ。

「やり直し」をやめる

知的生産の効率を上げるには、「着手するタイミング」も重要だ。

ひととおり仕上げたものを、なるべくそのままの形で提出できれば、1回のアウトプットにかける手間は一度で済む。ただし、時間の経過とともに状況が移り変わるものを扱っている場合は、早く着手し過ぎると、あとあと「やり直し」が生じやすい。

時事問題などはその代表格だ。締め切りに余裕をもって早く仕上げすぎてしまうと、締め切り直前になってから、状況の変化に応じて修正する必要が生じてくる。微調整で済めばいいが、物事が大きく動いたときは全体的にやり直すことになり、前もってかけた時間が、無駄になってしまう。

だから私は、時事問題に関する執筆の大半は締め切り当日にとりかかり、一気に仕上げることにしている。２千字以内のコラムであれば、２時間以内で十分に仕上げられるとわかっているから、締め切りの前日か当日に着手する。

これは、どんな仕事にも通じることだ。**仕事は、なるべく前倒しで着手したほうがいいと思われがちだが、実はそうとも言い切れない**のである。

仕事では、「明日できることを、今日済ませる」という心がけは大切だ。しかし、仕事内容によっては、今日やったことが明日にはほぼ無駄になってしまうこともある。

また、なかには先送りしてもいい仕事もあるはずだ。にもかかわらず「前倒し思考」が強過ぎると、すべてを早め早めに済ませようとするあまり、「あれもこれも、それも今日やらなくちゃいけない。どうしよう」とパニックに陥ってしまう。

前倒しするだけが能ではない。**「明日できることは、今日やらない」という発想もあわせもっておけば、仕事の緊急度も含めて「今やるべきこと」を判断できる**ようになる。

後でもできることを今やるか、それとも後でやるか。問題は、どちらが正しいかではなく、そのつど見極めることなのだ。

もちろん、とりかかるのを先延ばしした結果、期限に間に合わないようでは話にならない。

ここでも、まず自分がこなせる仕事量を把握していることが前提になる。いつとりかかれば終わらせられるか。そして、いつとりかかればやり直しが生じないか。この両面から、期限どおりに、かつ、もっとも精度の高いアウトプットに仕上げられる、個々人にとっての適切なタイミングを見極めることだ。

長期計画は、短期に区切る

仕事のなかには、年単位の長期にわたって取り組むものもあるだろう。その場合は、短期に計画を区切ったほうがいい。

修士課程を出ている人などは、こうした計画がうまい。修士論文という「2年納期の原稿」を仕上げるためには、いつまでに論文の構想をまとめ、教授の了承をもらい、1章を仕上げ、2章を仕上げ……という具合に短期計画を立て、2年後の最終稿の提出に向けて執筆を進める必要があるからだ。

こうした経験がない人が長期にわたる仕事に取り組む場合、陥りがちなパターンが2つある。

1つは、「まだまだ先のことだから」と着手するのを先延ばしにし、目先の短期仕事に追われた結果、とりかかるべきタイミングを逸し、「間に合わないかもしれない」と慌てるパターン。

もう1つは、つねに長期の締め切りが気になって、何となくズルズルと取り組んでしまい、今やるべき別の仕事に支障が出てしまうパターンだ。

現象は異なっても、原因は1つだ。短期のスケジュールに区切って計画を立てていないからである。

長期の計画は細かく期限を区切り、1週間先にはここまで、半月先にはここまで、1カ月先にはここまで、3カ月先にはここまで、半年先にはここまで終わらせるといった短期計画を立てる。

そして、1つの区切りごとにとりかかるタイミングを見極める。

こうして計画的に物事を進めれば、後になって焦ることもなく、「いつ、何をするか」という仕事の交通整理もできているため、別の仕事を落とすこともない。

他者へのリマインドは「督促」にしない

仕事は、自分が手を動かすものだけではない。1つの仕事を仕上げるために、外部の業者など人の手を借りることも多いはずだ。プロジェクトリーダーとして、同僚や後輩に仕事を割り振る場合もあるだろう。

つまり、人をうまく動かし、望みどおりの仕事をしてもらう能力もまた、自分の知的生産力の一部といえる。

人の手を借りる上でも、一番の懸案事項は、やはり締め切りだ。

納期になっても、外部業者から仕事が上がってこない。同僚や後輩が、割り振られた仕事を予定どおりに終わらせてこない。そうなると自分の仕事が滞る。こうしてヒヤヒヤ、ヤキモキした経験は、誰にでもあるはずだ。

相手に締め切りを守ってもらうには、まず、仕事を投げっぱなしにしないことだ。しっかり事前に打ち合わせをするのは大前提だが、その後も、折を見て仕事内容や締め切りをリマインドする。

ただし、これが相手に「急かされている」と受け取られてしまうと逆効果だ。なかには、たびたびリマインドされることを嫌う人もいる。人同士の微妙な相性によって、なぜか自分が言うと相手が機嫌を損ねるという場合もありうる。

つまり**仕事をスムーズに進めるため、単にリマインドするつもりが、「急かされた」といった不快感を呼び起こす「督促」になってしまう危険もある**のだ。

そうならないよう、相手を窺い、丁寧に人間関係を構築しながら、リマインドの頻度や言い方には十分、気をつけなければならない。

さらに、後輩や同僚に仕事を割り振る際には、前述した「能力の問題」と「やる気の問題」にも直面するかもしれない。

前に、できないことはできないし、無理をすればバーンアウトする危険もあるのだから仕方ないと述べた。それは後輩や同僚も同じである。

やる気に問題のある相手には、多少の追い込みも必要だ。しかし能力面で人を追い込めば、逆ギレされたり仕事を放り出されたりと、いいことはないだろう。

抵抗を感じる人は多いかもしれないが、こうした事態を防ぐには、最初から人に期待しすぎないことだ。

相手の能力は、自分の期待の6割程度と見積もっておく。そうすれば、「予定どおりできなかった場合」「クオリティが低かった場合」などとあらかじめ想定し、リスクヘッジしておくことができる。結果、仕事の質も効率も落とさずに済むというわけだ。これは、次章で説明するコミュニケーション能力にも通じる話である。

第4章

調べる技術、書く技術の「インフラ整備」のすすめ

お金を貯める・使う

――「自己福祉」が、継続的な知的活動の礎になる

「賢い消費」も知的生産の要

税金と社会福祉のバランスで見ると、**日本は「低負担・中福祉」から「中負担・中福祉」に変化してきた。**国民の負担が増している割に福祉は高くならないという、あまりよくない状況である。

負担として一番わかりやすいのは消費税だ。ずっとゼロだったところに3％の消費税が導入され、5％、8％と増税されてきた。2019年10月には10％に引き上げられる。

こうして負担が増えるごとに、社会福祉が手厚くなってきたかといえば、そう実感している人は、おそらくあまりいないと思う。

なお、最近では、格差をなくす社会福祉政策として、ベーシックインカムの議論も起こっているが、その実現可能性以前に、そもそもお金を配給するという方法に私は賛同できない。

なぜなら、お金は使う人次第で何にでも替えられるからだ。すでに、生活保護受給者が給付金を、本来の用途ではないギャンブルや飲酒に使ってしまうといった問題が指摘されている。ベーシックインカムにも同様の問題が起こると考えられるのだ。

ベーシック「インカム」ではなく、ベーシック「サービス」ならば、一定の効果を挙げるだろう。「サービス」は、利用する人の収入が違っても、用途は一定であるためだ。

たとえば、数万円の賃貸住居を提供し、無料で食事をとれる場所を作る。住居も食堂も、収入の多寡にかかわらず誰もが利用できるようにする。このように、お金ではなく現物支給をするという考え方で、サービスを提供するのである。

すでに興味深い実践例もある。兵庫県明石市では、まず全28小学校区に1つ「子ども食堂」を作り、徐々に大人でも利用できるようにしていった。利用者の所得条件などはなく、同市在住であれば誰でも、何度でも食べに行ける。

その結果、食堂が、つねに多種多様な人たちが出入りするコミュニティセンターのようになり、住みやすさを実感する人が増えていった。

また、明石市では、第二子が利用する保育所、幼稚園、認定子ども園などの認定施設を、第一子の年齢や保護者の所得によらずすべて無料化した。さらに保育士に対しては、毎年、20万〜30万円の一時金を支払うなど、待遇を改善した。

明石市には大学など高等教育機関がないため、若者は18歳になったら町を出ていってしまう。しかし食堂と保育園の無料化で、18歳で出ていった若者が、子育て世代となって戻ってくるようになった。

そんな評判が評判を呼び、ここ数年、他県や他市から明石市に移り住む人が右肩上がりだという。こうして多くの都市が抱えている過疎化や少子高齢化問題が、明石市では自然と解消されつつあるのだ。

地域再興には企業の誘致といった方法もあるが、明石市は、そうした「外資」を呼び込むことより内側の経済、すなわち市民の暮らしに関する行政サービスを手厚くした。そうすることで地域再興に成功しつつある一例といえる。

２０１９年２月、明石市の泉房穂市長が暴言の責任をとって辞職したが、このことと泉市長時代に明石市が達成した成果については分けて考えるべきだ。

ただし、こうした施策が国単位でなされる目途はまったく立っていない。実現する財源確保のためには消費増税が欠かせないが、８%から10%に上がっても、おそらくベーシックサービス的な政策には向かわないだろう。

このような状況下において、**知的活動と福祉は、実は切っても切れない関係**にある。なぜなら、**情報や知識をインプットし、理解し、自分の評価を加え、アウトプットするなどという作業は、「衣・食・住」が足りて初めて可能になる**ものだからだ。つまり低福祉は、知的生産の質的・量的劣化につながりかねないのである。

負担が大きい割に福祉が低いというのは、もちろん理不尽だ。しかし、近未来に日本が「高負担・高福祉」に変わっていく可能性はないので、現実的に自分で自分の身を守る方法を考えるべきだ。

本章で説明するのは、社会福祉ならぬ「自己福祉」、すなわち、自分の工夫によって持続的な知的活動を可能にする「インフラ整備」の技法である。

「中負担・中福祉」の日本社会で生き残るために

資本主義社会では、基本的にすべてのモノやサービスがお金に換算される。生活を成り立たせるのも、趣味を楽しむのも、情報や知識をインプットするのも、お金を払うことで初めて成立する。

視点を変えれば、私たちもまた、自分の労働力を売って生活している。自分の労働によってどれだけお金を得るかで、誰かの労働に対して、どれだけお金を払えるかが決まる。つまり当たり前のことだが、収入と消費のバランスをとらなくてはいけないということである。

では、お金の「入」と「出」のどちらを重視すべきか。

もちろん収入を増やすことができれば、それだけ使えるお金も増えるが、会社員のお金の「入」は、基本的に一定だ。ボーナスも昇給も、ある程度、決まったコースをたどることになっているし、たとえ大きな利益を出しても、給料は変わらない。ボーナスに少し色をつけてもらえるくらいだろう。

会社が得た利益は株主に分配されるだけで、会社に雇用されている者には分配されない。マルクスは、その点を指摘して、資本主義社会においては「搾取」が構造化されていると述べた。

主流派経済学（近代経済学）は、会社から支払われる賃金は、会社が得た利益の分配だという考え方に立っているが、実情を見れば、マルクスが指摘した構図のほうが正しい。

自分に入ってくるお金が、会社の利益の増減によって左右されない。増益になっても給料は増えない代わりに、減益になっても給料は減らない。雇用主である会社が倒産しない限り、賃金は守られる。そこに、いわゆる「会社員の安定」がある。

そのため、**会社員は、入ってくるお金に関して、自分で操作できる部分はないに等**

しい。昨今は副業を認める企業も出てきているようだが、本業の片手間に行うもので、大きな利益を得ることができる人は少ないと思う。

したがって**考えておくべきは「出」のほう、つまりお金の使い方**である。

いくらボーナスが上がっても昇級しても、使い方がルーズで浪費ばかりしていては、知的生産のベースとなるインプットもままならない。

とはいえ、節約主義や貯金主義に走って極端に消費しないのもよくない。

労働力は「休むこと」と「消費すること」で生まれるため、持続的に生産性高く働いていくためには、よく休み、賢く消費することである。要するに**「使えるお金」は「使ったほうがいい」**のである。休み方については後述するとして、ここでは、いかに賢くお金を使うかを見ていこう。

自分の「出費の傾向と対策」を知る

何事もそうであるように、お金を使う上でも「傾向と対策」が必要だ。まず、**日ごろ自分はどんなお金の使い方をしているのか、把握する**ことである。

どれくらいのペースでお金を使っているか、何に使っているか、きちんと把握しているようで、把握できていないものだ。財布に入っていたはずのお金が、いつの間にかなくなっているというのは、誰にでも覚えのあることだろう。

月々の収入から、自由に使えるお金を引き出し、計画的に使おう、とアドバイスするのは簡単だ。しかし、お金の管理に慣れていない人が、急にそうしようと思っても、なかなか難しいものがある。

家計簿をつければ一気に明瞭になるが、そんな時間も手間もかけたくないという人には、次のような方法をすすめたい。

大きめの封筒に5万円を入れる。お金を使ったら「飲み代〇〇〇〇円」「書籍代〇〇〇〇円」などと、ざっくりとした用途を封筒に書く。そして、どれくらいで使い切るか日数を数える。これだけだ。

この間、できるだけ現金決済を貫きたいが、やむを得ずカードやオンライン決済で支払った場合も、封筒から同じ金額を抜きとり、用途を封筒に書き込む。お金の使い方の傾向を知るためのテストだから、この間の出費は、すべて封筒から出し、用途が書き込まれるようにするのだ。

傾向がわかったら、次は対策である。

まず、**どれくらいのスピードで5万円を使い切っただろうか。**「毎月、このペースで使っているから、いつも給料日前に余裕がなくなるんだな」「これじゃあ、貯金できないわけだ」と実感するかもしれない。

ならば、出費を抑えなくてはいけないということだ。

封筒に書き込まれた使い道を冷静に振り返ってみると、「これは無駄だったな」というものがあるはずだ。たとえば意外と外食が多かったり、ほんの暇つぶしのつもりだったスマホゲームの課金がかさんでいたり、といったことだ。こうした無駄を省くだけでも、かなり違ってくる。

「心の栄養」のために使う月額の目安

もちろん、人生に楽しみは必要だ。余暇に使うお金を、すべて無駄と決めつけて完全にやめてしまったら、人生の彩りが失われてしまう。**心の栄養のために必要と思うものについては、収入との兼ね合いで「月にいくらまで」と上限額を決めること**だ。

上限額は、月々の「可処分所得」によって異なる。

可処分所得とは通常、給与から税金や社会保険料を引いた額をいうが、ここでは便宜上、手取り額から家賃を引いた額を可処分所得とする。消費に回していいお金の額は、主に、もっとも大きな生活費といえる家賃支払いの有無によって大きく変わるからだ。

この違いが、すなわち、楽しみのために使っていいお金、つまり娯楽費の上限額の違いにつながる。先ほどの封筒のテストで、自分のお金の使い方の傾向がわかったら、次は、月々の可処分所得をベースに、楽しみに使う月々の上限額を決めてみよう。

娯楽費は、可処分所得の20～25%が目安と考えておくといい。

堅実志向の人は、「なるべく節約して、貯金に回したほうがいいのでは」と思ったかもしれない。後でも触れるように、人生、何が起こるかわからないなかで、たしかに、貯金によって安心を担保しておくことも大切だ。だが、貯金は、「何かあったときに一時をしのぐため」の手段であって、人生の目的ではない。

先ほど、**労働力は「休むこと」と「消費すること」で生まれる**と述べた。体を休めることに加え、自分が心から楽しめるものに、適度にお金を使ってこそ、「よし、明日からまたがんばろう」という活力が湧いてくる。もちろん、**見聞を広め、自分を磨くためにも、ある程度の「投資」は必要**だ。

賢い消費とは、このように消費によって、自ら労働力を生み出し、アウトプット力を高めるようなお金の使い方、といってもいいだろう。

たとえば、手取り25万円で10万円の家賃がかかっている人の場合、可処分所得は、その他の生活費を引いて約15万円だ。この人が楽しみに使っていいのは、ひと月あたり3万～3万7500円となる。

一方、同じ手取り25万円でも、実家暮らしで5万円の生活費を親に払っているだけの人は、約20万円が可処分所得となる。すると、この人が楽しみに使っていいのは、ひと月あたり4万～5万円だ。

この2人が、ひと月に同じ5万円を、趣味の食べ歩きやリラクゼーションのために使ったとしよう。

5万円が、15万円に占める割合は30％強、20万円に占める割合は25％である。月5万円の食べ歩きやリラクゼーションは、可処分所得15万円の人においては、もう少し圧縮すべき「浪費」といえるだろう。一方、可処分所得20万円の人においては、自分の心の栄養のために出しても差し支えない「消費」ということになる。

娯楽費の使い方はいろいろと考えられる。月々、決まった上限額を使ってもいいし、一部を数カ月分、貯めておいて、旅行などで豪勢に使うのもいいだろう。月に1、2万円ずつでも、半年も貯めれば6万～12万円だ。手近な旅行先ならば、ちょっといいホテルに泊まって、いい食事ができる。

たまのご褒美を自分に与える。仕事で多少、ストレスを感じていても、賢く消費することで、そういうことも可能になるんだと実感してほしい。

また、上限を決めたにもかかわらず、**毎月のように、ある楽しみのために、つい上限を超えて使ってしまうとしたら、その楽しみに対して依存気味になっている可能性がある。**苦しいかもしれないが、いったんきっぱり断って、お金があまりかからない別の楽しみを見つけたほうがいい。

人は放っておけば、決まってお金を使い過ぎる。お金を使うなといっているのではない。たまには贅沢するにしても、どういうところで贅沢をするのか、いつ贅沢をするのか、といったことを含めて、自分の「消費スタイル」を決めておくことが重要だ。

たとえば、チェーンのコーヒー店でも、数時間も滞在すれば、飲み物数杯で千円くらいすぐに使ってしまう。そう考えると、もしかしたら、ホテルのラウンジで、お代わり自由のコーヒーに1500円を使ったほうがいい気分で過ごせるため、自分にとって、より価値ある消費になるかもしれない。

習慣や惰性によって漫然と消費するのではなく、自分で考えて定めたスタイルにしたがって消費することだ。

このようにお金の「出」をコントロールすることで、調べる、書くなどの持続的な知的活動を可能にする経済的なインフラが整っていく。

インプットに使うのは可処分所得の10%まで

日々の出費について、もう1つ話しておきたいのは、**知的活動そのものには、どれくらいお金をかけるべきか**、という点である。

今までにも新聞を2紙は購読する、有料の辞書・事典サイトを使う、本をたくさん読む、オンラインの勉強ツールを使う、などとすすめてきた。

仕事に直結するインプットとなれば、読書のほかに交流会に参加することや、セミナーに行くこともあるだろう。これらにも当然、お金がかかる。

知的活動のベースとなるインプットは、言い換えれば情報や知識、機会などを「買う」ということであり、何につけてもお金がかかるものなのだ。いくらインプットが大事といっても、次々と手を出したら、お金がいくらあっても足りなくなってしまう。

まず重要なのは、インプットの基本中の基本として、新聞は読むこと。そのうえで、ほかのインプットが、仕事に直結するかどうか、将来に役立つかどうかを厳密に見極めることだ。

今まで、何となく本を買ったり、交流会に参加したり、セミナーを受けたりしてこなかっただろうか。これからは、いっそうシビアに**「仕事に直結するもの」「将来に役立つもの」**に**厳選**していってほしい。

加えて、**インプットに使うお金に、あらかじめ上限を設けておく。上限の目安は、可処分所得（給与マイナス住居費）の5～10%**である。

たとえば可処分所得が10万円だとしたら、月に5千～1万円をインプットに使う。新聞は産経新聞の無料ウェブ版を読み、朝日新聞をとることにしたら、毎月約4千円が新聞費となり、その他のインプットに使えるのは月々一千～6千円となる。

　このように、**限られたお金をどう使うかと考えてみると、ますます、インプットの将来性を見極める目が磨かれるはずだ。**

　もとより人間のキャパシティとしてインプットできる量には限度があるが、知的活動の持続可能性を高めるには、お財布事情からインプット量を定めることも欠かせないのである。

プライベートな空間を「買う」

　ちなみに私は、家以外でコーヒーを飲むとしたらホテルのラウンジ、移動は新幹線ならグリーン車と決めている。

　一般的なカフェなら数百円で済むところ、なぜ、わざわざコーヒー一杯に千円以上も出すのか。なぜ、普通車や通常のエコノミークラスの料金に追加して払ってまで、グリーン車に乗るのか。

　ひとえに、静かに過ごせる空間を確保するためである。

私の収入源の大半は本の印税、新聞・雑誌の原稿料である。つまり、私のお客さんは本や新聞・雑誌の読者だ。資本主義社会では、提供者としてお客さんは大切にするべきであり、街中で声をかけられたら、きちんと対応しなくてはいけない。

読者から声をかけられるのは、私の書いた本が確実に誰かに届いたという手応えであり、うれしいことだ。そうはいっても、外出するたびに、いつ、どこから話しかけられるかわからず、落ち着かないというのもまた、事実である。

その点、ホテルのラウンジなら、話しかけられそうになってもスタッフが割って入ってくれるし、グリーン車に乗る客は、ほとんどが私と同じく静寂を求める人たちだから、わずらわされる心配がない。通路などですれ違う際に、せいぜい会釈する程度だ。

このように、**お金を払ってプライベートな空間を確保する。読者にとっても、これは有意義なことだと思う。**

とくに都市部には人があふれており、なかなか家の外では静かに過ごせない。

家のなかでは考えが行き詰まるし、かといって外は騒がし過ぎる。

そんなときに、少しお金を出してホテルのラウンジでコーヒーでも飲めば、一人静かに集中する時間をもてる。今はノマドワーカー用に、年契約や月契約でスペースを貸し出すシステムも多くある。恒常的に家の外にプライベート空間を確保するなら、そういうものを利用するのもいいだろう。

「取り分け」の発想で、情報活用力の土台を作る

前項まで話してきたことを実践すれば、かなり賢くお金を使えるようになる。お金の「出」をコントロールする技法がわかったところで、**次に話しておきたいのは、お金の安心を確保する方法**だ。


今は、どんな身の上でも安泰とはいえない時代である。

中小企業、大企業、あるいはフリーランス、どのような働き方をしていても、いつ、何が起こるかわからない。

突然、勤めている会社が倒産するかもしれないし、転職のために、収入が途切れる期間ができるかもしれない。会社に勤めていない身の上であっても、急に仕事が途絶えてしまうことも考えうる。加えて、働くことが困難なほどの病気にかかったり、事故に遭遇したりする可能性は、いくら若くてもゼロではないのだ。

日々、よく休み、よく消費することで労働力を生み出す。これが知的生産のインフラ整備の基本だが、「万が一の事態」に備えるために、自らの手で、お金の安心もしっかり担保しておきたい。

そこで**重要となるのが、「取り分け」の発想だ。賢く消費しつつ、そこで生じた余剰金を賢く取り分けられるかどうかで、将来の可能性は大きく変わってくる。**過剰消費をせずに、一定額を、安心のために取り分けておくことも、知的生産の重要なインフラ整備の要素というわけだ。

お金を取り分けるためのキーワードは、「貯める」「殖やす」「残す」の3つだ。

まず、最初の「貯める」は国債を買うことである。

「貯める」といいながら、ここに「貯金」が含まれていないことを不思議に思った人は多いだろう。もちろん一定額の貯金は必要だが、これは、あくまでも「万が一のときの取り崩し用」と考えることだ。

貯金なのだから、もちろん「簡単に手をつけてはいけないお金」ではある。しかし同時に「入り用となれば、すぐに引き出せるお金」であり、「貯める」のうちに含めないほうがいい。

ここで**自分の１年間の可処分所得を思い浮かべてほしい。その半分の金額を、銀行や郵貯に貯金する。**仮に、ボーナスを含めて年収が額面で５００万円、手取りで４００万円として、年に１２０万円の住居費がかかっている場合、その他の生活費を引いて、可処分所得は約２５０万円。その半分だから、１２５万円くらいを貯金するということだ。

現時点で「貯金ゼロ」という人は、まずここから始めることだ。

この貯金額を超えてからが、先ほどいった「貯める」だ。なぜ、国債に特定したかというと、国債は、簡単に換金できない金融資産だからである。

人間は意志の弱い生き物だ。普通預金に入っているお金はもちろん、定額預金でさえも、「ちょっと借りるつもり」で、つい使ってしまうことがある。
引き出すときは、「次に給料が入ったら、ボーナスが出たら、返せばいい」と思っていても、自分との約束ほど破られやすいものはない。こうして、日を追うごとに貯金が減っていってしまう。これが目に見えるところにお金がある弊害だ。

だからこそ、**貯金は、「万が一のときの最低限の安心料」にとどめ、それ以上のお金は、簡単に取り崩せない形にしておいたほうがいい。それにうってつけなのが、国債**なのである。

国債を避ける人もいるようだが、国債ほど安全な金融資産はない。国債が償還できないことがあったら、それは国が危ういときだ。国が危うくなれば、当然、銀行預金はもっと危うくなる。

国債に不信感があるとしたら、よくマスメディアでいわれる「国の借金」というイメージに振り回されているだけだろう。「日本国債大暴落が近い」などと騒いでいる「専門家」「識者」もいる。こういう言説に惑わされることこそ、インプットの技法が磨かれていない証といってもいい。

国債でハイリターンは望めないが、銀行に預けておくよりはずっと利率が高い。国債価格が上がったときに換金すれば、売却益を得ることもできる。売らずにもっておいても、償還(国からの返済期限)を迎えれば、元本がまるまる戻ってくる。

もっとも、ここで国債をすすめている理由は、簡単に取り崩せないように、お金を塩漬けしておくためだ。重要なのはフローではなくストック、つまり国債の利子や売却益で儲けるというよりは、国債という形で一種の貯金をすると考えてほしい。

一定額の貯金ができたら、それ以上のお金は、まず国債に回せばいいと思うが、**簡単に換金できない安全資産という意味では、現物の「金」を買ってもいい。**

金の価格は変動するが、価値がゼロになることはない。金を買うなら、500グラム以上買うことをすすめる。500グラム以下だと換金手数料が高くつくからだ。「貯める」では簡単に換金できないことが重要だが、もちろん、いつかは換金する。そのときに、せっかく投じた資金が目減りして戻ってくるのは、誰だって避けたいだろう。

ただし金は、盗まれたらおしまいである。銀行の貸金庫に入れておけば安心だ。当然、使用料はかかるが、以前より安く使えるようになっている。

繰り返すが、重要なのは、資産を取り分けておくことであり、「貯める」においては、お金を簡単に取り崩せない形にしておくことが重要である。

このほか、**生活費を入れる口座とは別の銀行に口座を開き、ATM用のカードは作らない、というのも1つのやり方**である。

通帳と銀行印があれば簡単に引き出せるが、窓口の営業時間内に行かなくてはいけない、用紙に記入しなくてはいけない、待たなくてはいけない、など、取り崩しに一応のハードルを設けることはできる。

これは個々の意志の強さにもよる。**自分の性分からして、どのレベルの「取り崩しの難しさ」を設けておくべきか。ここで自問自答して「貯める」方法を決める**ことだ。

株式売買で一攫千金を狙ってはいけない

次の「殖やす」は株式投資だ。

「殖やす」といっても、素人は、株の売買で儲けることは考えないほうがいい。**銀行**

よりは見返りが大きい株に資産を分散させる。そして、買った株をずっと保有し、売却益ではなく、配当金によって資産を増やすと考えることである。

機関投資家やプロは、素人にはない眼力や情報力、人脈を使って、「その道のプロ」として利益を出している。それを生業としている人たちが勝負を繰り広げているなかで、素人が売買で儲けようとするのは、いってみれば目隠しをしてボクシングを戦うようなものだ。

そのうえ、**売買で儲けようとすると、いつも相場が気になって肝心の本業が手につかなくなるといった弊害も生じかねない。**

したがって、株式投資をするなら、なるべく倒産する危険がない優良企業の株に限り、買ったらずっともっておくというのが、素人の賢い投資法だ。株には配当金に加えて株主優待もある。

ちなみに、投資信託はすすめない。銀行は、本来の銀行業が不振になっており、投資信託の手数料を収入源としている状況だ。金融のプロに資金を預ければ安心だと思うかもしれないが、高い手数料を払わなくても、手堅い投資先は自分で選べる。たとえば、航空会社や鉄道会社なら堅実であり、実用的な株主優待もついてくる。

国債で「貯める」、株式投資で「殖やす」。

これらと貯金を合わせて、だいたい「可処分所得の2倍の資産」がある状態を目指すといい。先ほど挙げた可処分所得250万円の場合ならば、およそ500万円を、貯金と国債、株式に分散させるのである。

もしずっとシングルだったら、お金が一番の人生のパートナーとなる。もちろん頼れるパートナーがいてもなお、自分でお金の安心を作っておくに越したことはない。

絶対に手をつけないと思って一生懸命、貯めた500万円でも、ちょっと物入りになって引き出したとたん「もう、いいや」となって、なし崩し的に使ってしまうものだ。そうなったら、あっという間に貯金が底をついてしまう。

大切な人生のパートナーであるお金を失わないためにも、「貯める」「殖やす」に、しっかり資産を分散させておくことだ。

家族に「残す」ことも考える

では最後、「残す」はどう考えたらいいか。

要するに、万が一、「自分自身」という収入源がいなくなったとしても、家族が路頭に迷わないようにすることである。**過剰消費せず、お金の安心のために取り分けておくことは、養うべきパートナーや子どもができてからは、なおさら重要**だ。

とくに子どもの養育にはお金がかかる。

私立校ではなく、公立校に通わせても、体操服、給食費、参考書など出費が積み重なる。将来的に幼稚園や小学校が無償化されても、まったくお金がかからないようになるわけではない。そこに習い事や学習塾の費用が加わる可能性も考え合わせれば、かなりの出費を覚悟しておかなくてはならない。

ここでも人の意見を聞くことが重要だ。あれこれとネットで調べる以上に、体験者の声が参考になる。

現在、子育て真っ最中の人や、子育てを終えたばかりの人に、どんなことに、どれ

くらいお金がかかるのか直接、聞いてみることだ。この人たちは実際にいろいろな段階を経たことで、国の制度などにも自然と詳しくなっているはずだ。

ちなみにこれは、介護においても、まったく同じことがいえる。補助金などは「要請主義」に基づいており、行政のほうから通達が来ない場合が多い。つまり、こちらが制度を理解し、申告しなければ、大きく損をする可能性があるのだ。

そのうえで、「残す」ことを考える。方法は、主に2つ考えられる。

1つは、子ども名義で銀行や郵貯の口座を開き、月々、積み立てていくことだ。前に説明したように、簡単に引き出せるという落とし穴はあるが、子どもの将来のための積立金と思えば、よほどのことがない限り、守れるはずだ。

もう1つは生命保険である。とくにパートナーに収入がない、あるいは極端に低い場合は、自分に生命保険をかけ、後に遺される者の当面の生活不安が、少しでも軽減されるようにしておいたほうがいい。

とはいえ、将来のリスクヘッジのために楽しみやインプットにかける費用が抑えられては、肝心の今現在の知的生産力が下がってしまう。つまり**「残す」においては、パートナーも子どもも大事とはいえ、必要以上にお金を投じないこと**が、自身の知的活動のインフラ整備につながるというわけだ。

大学時代の友人などに、保険会社勤務の人はいないだろうか。もしいたら、保険の種類や掛け金などについて詳しく聞き、自分のライフステージや収入などに見合った保険を選ぶといいだろう。

保険の営業の人が話すのは、加入してもらうためのセールストークだが、友人ならば、いいことばかり言わず、難点となることも包み隠さず、「保険の本当のところ」を教えてくれるはずだ。

人と会う
──人脈は「知」のセーフティネット

持続可能な知的活動は「人脈」次第

前項から、**持続可能な知的活動には、「経済」の要素が分かち難く結びついている**ことがわかったと思う。

自分の経済状況や出費の傾向を把握すること、そのなかで賢くお金を使い、「浪費」をなくす。こうしてインプットにも適切にお金をかけられるようにすることで、持続的な知的生産が可能になると説明した。

これは、いわば自己完結型の経済の話だが、経済には、別の側面もある。それが人間関係だ。**周りにいる人を1つの「財」と見なすことで、知的活動のインフラが、さらに整備**されるのである。

これは自分の利益のために、人をコマのように使うという話ではない。

人間は生来「社会的動物」であり、どれほど一人でいることを好む人でも、しょせん一人ぼっちでは生きられない。良好な友人関係、良好なパートナー・家族関係、良好な仕事関係などなど、自分が安心して暮らし、働くことができる人間関係も、知的生産の重要なインフラといえる。

そして、自分が安心して暮らし、働くことができる人間関係を築くには、当然、コミュニケーション能力が欠かせない。

コミュニケーション能力の乏しい人は人間関係が希薄になり、いくら頭がよくても、知的生産の経済的土台が脆弱になりがちである。**知的生産というと、ひたすら自分を磨き、アウトプット力を高めていくことのように思えるかもしれないが、大事なのは、それだけではない**のだ。

人生の「セーフティネット」を整備する

世の中には生涯シングルを決め込んでいる人もいるようだが、どんな形でも誰かと生活をともにすることで、人生の安定度は格段に増すのは事実だ。

プライベートの人間関係は、知的活動のインフラのなかでも、どちらかというと「セーフティネット」的な役割を果たすといっていいだろう。一人ではどうにもできない状況になったとしても、誰かと一緒ならば助け合って乗り越えられる。そのような関係性を築いておくことで、知的生産の持続可能性が守られる。

人と一緒に暮らす形は、現行の制度で定められた結婚とは限らない。同性のパートナーシップもあり得るし、気の合う仲間同士でシェアハウスに住むのもいいだろう。ときどき飲みに行く友だち程度では不十分だ。必要なのは、現実的に、金銭面・生活面で支え合えるパートナーや仲間である。

若いころは一人も苦にならないかもしれないが、年を重ねるにつれて、「一人」が「孤独」になっていく。元気だった両親の老いが目立ち始め、自分より先に亡くなることが現実味を帯びてくると、孤独がいっそう身にしみ、がぜん婚活に積極的になる男女も多いと聞く。

とはいえ、生涯をともにできる誰かと、すぐに出会えるとは限らない。

孤独を感じ始める前から、結婚であれ、もっと広い意味でのパートナーや仲間であれ、ゆくゆくは誰かと生活をともにしていくという想定で、プライベートの人間関係を充実させていったほうがいい。

また、**人間関係が希薄になると、どうしても視野が狭くなり、極端な考えに走りやすい。**自分一人の世界に閉じこもるうちに、自分とは異なる意見に対する寛容性や、人として適切なバランス感覚を失ってしまうのだ。実際、ライプニッツやカントなど、生涯をシングルで過ごした哲学者には、極端な思想の持ち主も少なくない。

すでに一人暮らしに慣れてしまっていると、他人と一緒に暮らすことがイメージしづらいかもしれない。生活上、思わぬところで衝突する可能性も十分にある。

世の中には、誰一人として自分とまったく同じ感覚や思考回路をもっている人はいない。どれほど気の合う相手でも、何かしら違いがあるものだ。

その違いを乗り越えて誰かと一緒に暮らすには、ある程度の「鈍感力」が必要である。生活上のささいなこと、たとえばお風呂に他人の髪の毛一本落ちていても我慢できない人、流しに皿1枚残っているだけでも許せない人などは、「ま、いっか」と許せる心を養ったほうがいいだろう。

誰かが間違っているわけでも正しいわけでもなく、ただ「違う」のだと理解することだ。ひょっとしたら自分だって、知らないうちに人の感覚に障ることをしているかもしれない。要するに「お互い様」と思えばいいのである。

お金を「くれる」友人が何人いるか？

人生は何が起こるかわからない。困ったときに真っ先に頼るのは両親だろうが、親は自分より先に死ぬのが通例だ。

つまり前項で述べた**「孤独」とは、情緒的な意味のみならず、万が一のときに頼る先がなくなるという、切実な意味での孤独でもある。**ゆくゆくのことを考えれば、やはりプライベートの人間関係を重視したほうがいい。

ではここで、想像を巡らせてみてほしい。

生活に困ったときに、お金を無心できそうな友だちは、いったい何人いるだろうか。

お金を「貸してくれる」友だちではなく、お金を「くれる」友だちだ。年齢も性別も問わない。

これは逆に、**自分が頼られたときに、「返さなくていいよ」と言ってお金を渡せる友だちが何人いるか、**ということでもある。

5人ほども思いつけばいいほうだ。友だちがいないわけではないが、お金を出し合える友だちはいない、という人も多いはずだ。

そういう人は、おそらく、社会に出てからは仕事上の人付き合いが増えていく一方、友人とは疎遠になってしまっているのではないか。

これはまったく珍しいことではなく、むしろ社会人の人間関係は、放っておけば9割が仕事絡みになる。仕事から転じて友人関係に発展することはあるかもしれないが、社会人になってから、純粋にプライベートで、新たな友人を得ることは稀だ。

そう考えると、重視すべきなのは、幼少期から学生時代までの友人関係ということになる。

50代以降は同窓会が増えるというが、これも、家庭や仕事が一段落したということ以上に、近いうちに定年を迎え、仕事上の人間関係から離れた後に孤独になることが、急に怖くなるからだと思う。

経済とは本来、合理的に考えるものだ。にもかかわらず、合理性とはまったく無関係にお金をもらったり、あげたりできる人がどれだけいるか。損得勘定なしに、互いのために尽力できる人がどれだけいるか。

これはプライベートの人間関係の良好度と深さを測るバロメーターだ。

そんな友だちが一人も思いつかないという人は、今からでも、プライベートの人間関係をより充実させていくことだ。まずは疎遠になっている、幼少期～学生時代の友人にメールを送ってみるといいだろう。

誰と付き合いを復活させればいいか、その見極めは簡単だ。「当時、気が合った人」であれば、まず間違いない。

人間の本質は、年月が経っても変わらない。社会人同士だと、どうしても利害が絡んで仮面をかぶることがあるが、利害がないころに知り合った間柄なら、お互いの本質はだいたい見せ合ってしまっている。

当時、意地悪だった人は今も意地悪だろうし、ずるかった人は今もずるいだろう。

とくに、お金、性、お酒にルーズな人、いつも人の悪口を言っている人は、注意したところで直らない。たとえ気が合うところがあると感じていても、これらのタイプの人とは付き合わないほうがいい。

それ以外ならば、当時、気が合った人とは、きっと今も気が合うし、快い関係を改めて築けるはずだ。生涯にわたり親しく付き合える可能性も高い。しばらく疎遠になっていても、ひとたび会えば時間を飛び超えて、あっという間に旧交を温めることができるだろう。

もしかしたら、お互いに世間擦れしたことで、多少は「お前、変わったな」と言いたくなる場面もあるかもしれない。だが、よくよく話してみれば、やはり人柄の根っこの部分は当時のままだと感じるものだ。

私も、今なお親しく付き合っている友人には、10代のときから付き合っている人が多い。

とくに私の場合は、2002年の鈴木宗男事件で、友人たちをふるいにかけられることになった。**人生でもっとも辛かった時期に、以前と変わらず接してくれた友人は、**

私の財産である。もちろん友人が困っているときには、私にできることは何でもしている。

仕事の人間関係では「歩留まり」と「リスクヘッジ」を意識する

仕事上の人間関係には、大小さまざまな利害が絡んでいる。すなわち**社会人としてのコミュニケーション能力とは、利害が絡むなかで建設的な関係を築ける能力**といっていいだろう。**そこで求められるのは、「歩留まり」と「リスクヘッジ」**の意識である。

歩留まりの意識とは、たとえば、ある人に仕事を発注する際に、仕上がりは自分が求めているものの「6割」程度と想定しておくということだ。営業職の人が顧客に商品を売り込むときも同様だ。**最終的に商談が成立し、受注できるのは、当初の見込みの「6割」程度と見積もっておく。**

要するに、仕事を発注する側であれ、受注する側であれ、仕事相手に期待しすぎないことだ。

相手が自分の期待にフルに応えてくれると思っていると、それ以下だったときに窮地に陥る。しかし６割程度と見込んでおけば、７割の達成率でもラッキーと思えるだろう。残り３～４割を埋めるための策を、前もって考えておくこともできる。

発注した仕事が、最初から完璧に仕上がってはこないだろうと踏むなら、やり直しも見込んだ上で時間的に余裕をもって発注すればいい。穴を埋めるヘルプ要員を準備しておいてもいいだろう。

１つの顧客から受注できるのは期待の６割程度と見積もっておけば、ほかに有力な営業先を確保すべく、動いておくこともできる。

このように、**仕事相手に期待しすぎないことで自分の主体性が保たれ、リスクヘッジにもちゃんと思考と行動が及ぶ。**

「誰からお金をもらっているか」を客観視する

また、「相手は誰からお金をもらっているのか」という視点をもつことも、リスクヘッジの1つである。

プライベートな人間関係と違って、仕事の人間関係は資本主義の原理にのっとっている。つまり、働いて報酬を得ている人は、例外なく、報酬を出している人の利益のために働いているのだ。相手もそう、自分もそうである。

この視点をもって、仕事相手との付き合い方を考えてみてほしい。**相手は誰にお金をもらっているのか、自分は誰にお金をもらっているのかを、客観的に把握する**のである。

すると、たとえ対立することがあっても、それは相手と自分との人間的な衝突ではなく、あくまでも、相手の雇い主と自分の雇い主の利害の衝突として、冷静に対処できる。

これが当たり前のようでいて、意外とできていない人が多い。相手と自分が誰の利益を代表しているのかを、つねに意識して付き合うことで、社会人として保つべき立ち位置を見失わずに済むのである。

つねに「最悪の状況」を想定しておく

もう少し複雑で重みのある仕事関係になると、相手を信用しすぎない、というのもリスクヘッジとして重要だ。

たとえば大きな金額を動かすような仕事は、よほど信用した相手でないとできない。ただし完全に信用しきってしまうと、チェックが甘くなりがちだ。すべてを相手に委ねて、何か間違いが起こってからでは取り返しがつかない。

だから、**「万が一、裏切られたら、どれくらいの損害が出るか」「そうなったら、どう対処するか」という発想を、つねに頭の片隅に置いておくこと**だ。

これは私の役人時代からの教訓でもある。霞が関（官界）は、知能犯たちの伏魔殿みたいな場所だ。たとえ信用できると思った相手でも、頭のどこかでは疑い、つねに最悪の状況を想定しておかなければ、到底生き残っていけない。

ビジネスでは、もちろん、信頼と信用がもっとも大事だ。ときにはお酒や食事をともにし、信頼関係、信用関係を築く意義は大きい。**しかしそれは、リスク意識を失っ**

ていいということではない。

いつでも最悪の状況に陥る可能性があるという前提で、その際に被る「損害」と、立ち直るための「対策」を想定しておく。対策とは、基本的に、自分の力でできることを考えておくという意味だが、信頼できる相談相手も、一人くらい思い描いておくといいだろう。

このように、「歩留まり」と「リスクヘッジ」の意識で付き合うことが、利害の絡む関係を建設的に、継続的に築いていくコツである。

休息する
――自分を休ませるために「仮病」は有効

仕事を振られすぎない「自分を休ませる」極意

働く力は消費すること、そして休むことで生まれる。
日ごろからしっかりと休む習慣をもたないと心身を壊す恐れがあり、心身を壊せば、当然、持続的な知的活動は望めない。とくに、19ページで示したマトリックスのうち、「不快だが成果は高いワーカホリック型」に入っている人は要注意だ。

きちんと休息をとるには、まず、自分のキャパシティ以上の仕事を引き受けないことだ。

一番の方策は、前述したように「きっぱり断る」ことである。最初に自分のキャパシティをはっきり表明することで、それ以内の仕事しか振られないように予防線をはるのだ。

それでも、「振られた仕事は断れない」というのなら、キャパシティ以上の仕事が振られないよう、別の工夫をする必要がある。

少しずるい方法と思われそうだが、「仮病」は有効だ。

ちょっとハードな仕事が続いた直後に、休んだり、午後半休をとったりなどして、何となく「体があまり強くない人」を演出するのである。仕事を振る側からすると「あまり無理をさせてはいけない人」という印象になり、自然とキャパシティ以上の仕事は振られなくなるだろう。

会社によっては、カウンセラーや医師など、いわゆる「産業医」を置いているところもあるだろうが、つらいときに産業医に駆け込むことはすすめない。

ここでも考えてみてほしいのは、「誰にお金をもらっているか」だ。

産業医は、誰から報酬を得ているか。もちろん企業である。報酬を出している人の利益のために働くのが、あらゆる勤め人の責務だ。では、産業医はいかに会社の利益のために働くか。すなわち、社員の健康を管理し、最大限の利潤を上げる働きができるようにすることが産業医の仕事である。

つまり極端な言い方をすれば、**産業医とは、負傷した戦士をふたたび戦場に立てるようにする「軍医」と同じ**だ。壊れそうな心身を抱えてやってきた人を「休ませる」方向ではなく、「何とかして働かせる」方向に、医師としての知見を使うのが産業医の役割だからだ。

もし、本当に心身を壊しかけてしまったら、産業医ではなく、開業医のところに行って診断書を出してもらうことだ。会社の勤務形態に、従業員の健康を損ねるような明らかな問題がある場合は、労基署に駆け込むという手もある。

日本には、いまだに、精神論で社員に無理をさせる会社も少なくないと聞く。

成長のためには努力が欠かせないが、がんばりすぎて倒れてしまっては本末転倒だ。

知的生産は、健康が担保されて初めて持続可能なものとなる。あらゆる手を使って自分の心身を守ることが最優先だ。

「自分の時間」を友人と共有する

アフターファイブや休日は、自分一人、家でゆっくり過ごして心身を休めるのもいいが、たまには友人を家に招いて一緒に過ごすといい。

一人の時間には、意外と落とし穴が多いものだ。際限なくネットサーフィンしてしまったり、動画配信サービスで、別に見たくもない海外ドラマを延々と見てしまったりと、ついズルズル過ごしがちではないだろうか。

それで心身が休まればいいが、かえって、「せっかくの余暇を無駄にしてしまった」と虚しく感じることも多いはずだ。

とくに一人暮らしの人が陥りがちなのは、前後不覚になるまで一人で酒を飲んでしまうことだ。一人だと誰もストップをかけてくれないため、つい飲み過ぎるのである。過度な飲酒は翌日のパフォーマンスを確実に下げるし、もちろん健康にもよくない。

したがって、**時間の使い方の1つとして、友人と余暇を共有する意義は大きい。**

何も大した話をするわけではない。気の置けない友だちを一人でも数人でも家に呼んで、ちょっとした肴（さかな）と酒を準備し、他愛のない話をしながら飲み、食べる。ドラマを見るのも、友人と一緒ならば、有意義な時間に変わる。

先にも述べたように、社会人はプライベートの人間関係が希薄になりがちだ。

そのうえ余暇を一人で過ごすばかりでは、ますます友人と疎遠になり、将来的な人間関係に不安が募ってしまう。**余暇を、大事な友人との仲を深めるために積極的に使うということも、持続可能な知的活動に欠かせないセーフティネット作り**につながるのである。

おわりに

本書では、調べる技術、書く技術などの知的生産術や、そうした知的活動を支えるインフラ整備の知恵まで、知的生産の方法自体に加えて、その周辺にまつわる実践法まで話してきた。

取り上げた内容は幅広いが、そのひとつひとつは選別的かつ実践的であり、すぐにでも、誰もが役立てられると信じている。

最後に改めて強調しておくが、もっとも重要なのは本書の第1章でも述べたとおり、知的生産力を高めること自体ではなく、知的生産を高めることで人生が充実することだ。「知的生産力を高めなければ」と心理的に追い立てられる羽目になっては本末転倒である。

ときには肩の力を抜き、なんにも考えない時間をもつことも重要だ。

つねにインプットとアウトプットに忙しく、それを生業としている私であれ、先ほど述べたように、仕事の合間には息抜きをする。

たとえば、私は動物が好きだ。空き時間には、自宅で飼い猫と遊んだり、仕事場で動物の図鑑を読んだりする。歴史書などで埋め尽くされた仕事場の本棚には、実は動物関連の本が数多く並ぶコーナーもある。

視覚的な癒やしとして、コーヒーカップやスリッパ、靴べらなど生活用品の多くは動物がモチーフになっているし、仕事場の寝室のカーテンも動物柄だ。

自分が心から癒やされるものと過ごす。そういう時間をもち、心身のバランスをとることも、知的生産力の一部なのである。

本書を書いた私の意図は、「知的生産のための知的生産」ではなく、「人生を充実させるための知的生産」にある。現状に安住せず、かといって無用な焦燥感に駆り立てられもせず、知的生産力を高めることで、読者の人生がより豊かで幸せなものとならんことを願っている。

本書を上梓するにあたっては、ライターの福島結実子（ゆみこ）氏、SBクリエイティブ、学芸書籍編集部の小倉碧（みどり）氏に大変お世話になりました。ありがとうございます。

2019年3月

佐藤 優

著者略歴

佐藤 優（さとう・まさる）

1960年東京都生まれ。作家、元外務省主任分析官。1985年、同志社大学大学院神学研究科修了。外務省に入省し、在ロシア連邦日本国大使館に勤務。その後、本省国際情報局分析第一課で、主任分析官として対ロシア外交の最前線で活躍。2002年、背任と偽計業務妨害容疑で逮捕、起訴され、2009年6月執行猶予付有罪確定。2013年6月、執行猶予期間を満了し、刑の言い渡しが効力を失った。『国家の罠』（新潮社）で第59回毎日出版文化賞特別賞受賞。『自壊する帝国』（新潮社）で新潮ドキュメント賞、大宅壮一ノンフィクション賞受賞。『人をつくる読書術』（青春出版社）、『勉強法 教養講座「情報分析とは何か」』（KADOKAWA）、『僕らが毎日やっている最強の読み方』（東洋経済新報社）など、多数の著書がある。

SB新書　472

調べる技術 書く技術

誰でも本物の教養が身につく知的アウトプットの極意

2019年4月15日　初版第1刷発行
2019年5月18日　初版第3刷発行

著　者　佐藤 優

発行者　小川 淳
発行所　SBクリエイティブ株式会社
〒106-0032　東京都港区六本木2-4-5
電話：03-5549-1201（営業部）

装　丁　長坂勇司（nagasaka design）
写　真　榊 智朗
本文デザイン・DTP　荒木香樹
本文図版　諫山圭子（いさ事務所）
編集協力　福島結実子
編　集　小倉 碧（SBクリエイティブ）
印刷・製本　大日本印刷株式会社

落丁本、乱丁本は小社営業部にてお取り替えいたします。定価はカバーに記載されております。本書の内容に関するご質問等は、小社学芸書籍編集部まで必ず書面にてご連絡いただきますようお願いいたします。

ISBN 978-4-7973-9864-9